EBÓ
COMO FERRAMENTA JURÍDICA

REPARAÇÃO COLETIVA E
RACISMO RELIGIOSO EM BELÉM – PA

Catalogação na Fonte
Elaborado por: Dayanne Leal Souza
Bibliotecária CRB 9/2162

B238e
2025

Barbosa, Edson Silva
Ebó como ferramenta jurídica: reparação coletiva e racismo religioso em Belém - PA / Edson Silva Barbosa. - 1. ed. - Curitiba: Appris, 2025.
215 p. ; 23 cm. - (Direito e Constituição).

Inclui bibliografia.
ISBN 978-65-250-8463-3

1. Racismo. 2. Religião. 3. Reparação (Direito). 4. Danos (Direito). 5. Petições (Direito). 6. Antirracismo. I. Título. II Série.

CDD - 347

Livro de acordo com a normalização técnica da ABNT

Editora e Livraria Appris Ltda.
Av. Manoel Ribas, 2265 - Mercês
Curitiba/PR - CEP: 80810-002
Tel. (41) 3156 - 4731
www.editoraappris.com.br

Printed in Brazil
Impresso no Brasil

Edson Silva Barbosa

EBÓ
COMO FERRAMENTA JURÍDICA

REPARAÇÃO COLETIVA E RACISMO RELIGIOSO EM BELÉM – PA

Appris editora

Curitiba, PR
2025

Na essência das raízes que sustentam a nossa tradição de matriz africana, o direito de ser livre em fé e expressão é a lâmina que luta contra a opressão do preconceito e da discriminação; onde o machado do racismo tenta silenciar, que a árvore do respeito e da pluralidade se eleve e recorde a força dos que cultivam e mantém viva a energia ancestral.

(Barbosa, 2025)

AGRADECIMENTOS

Esta obra é dedicada à minha ancestralidade negra que me trouxe até aqui. A cada passo nesta jornada, sou grato pelo apoio e pela força que recebi das minhas raízes, que moldaram meu ser e meu caminho.

Agradeço primeiramente às minhas avós maternas, Cantionília Silva e Francisca Barbosa, cujas histórias e ensinamentos ecoam em minha vida. A vocês, que estabeleceram os alicerces da nossa família, meu eterno reconhecimento.

Meus pais, Edileusa Silva Barbosa e Cezar Barbosa, que sempre acreditaram em mim e me deram o suporte necessário para seguir meus sonhos. Às minhas crianças, Thiago Atainá e Ejigbo, por serem a luz da minha vida e a motivação para fazer um mundo melhor. E aos meus netos, Onã Oni, Maria e Dembwa Oni, que trazem a esperança e a continuidade do nosso legado.

Aos filhos e filhas do Ile Iya omi Ase Ofa Kare, em especial ao Babalaxe Amilton de Logunedê e à Iyalaxe Marilu de Yemanjá, por seu apoio e ensinamentos. Vocês são a razão pela qual sigo firme nos caminhos da tradição e da espiritualidade africana.

Minha profunda gratidão à minha orientadora, professora Dr.ª Luana Tomaz de Souza, que com seu cuidado e sabedoria me ajudou a articular e expressar minhas ideias com clareza. Seu compromisso com a educação e com a verdade é inspirador.

Agradeço também à minha amiga e incentivadora, professora Ma. Celyne Soares, com quem compartilho um encontro ancestral que sempre será significativo para mim. Sua presença e apoio foram fundamentais durante esta trajetória.

Reconheço a importância do Bambare, arte e cultura negra, por celebrar nossa identidade e fortalecer nossa voz. Ao Afoxe Ita Lemi Sinavuru, por ser um espaço de resistência e expressão.

Um agradecimento especial ao Movimento Atitude Afro, que luta pela valorização da cultura afro-brasileira. E ao Fórum Permanente de Afro-religiosos do Pará – FOPAFRO, que representa a força dos nossos povos e comunidades.

Por fim, agradeço a Olorum e a Oxóssi por me abonarem resistência e resiliência em meio a tantas adversidades. Essas forças que me acompanham são uma bênção, e sou grato por cada 'não' que me fez mais forte e determinado a seguir em frente.

A todos vocês, meu agradecimento profundo e sincero. Essa conquista é nossa!

Para Edileusa Silva Barbosa e Cezar Barbosa,
minha Iyalorixá Nau de Omolu, meus Orixás e a Você.
Axé!

APRESENTAÇÃO

Há caminhos que não se escolhe por vontade, mas por necessidade. Este livro nasceu assim: de uma urgência que atravessa o corpo, a memória e a história – individual e coletiva. O racismo religioso, tema central desta obra, não é apenas um campo de estudo, mas uma realidade cotidiana que se impõe violentamente às comunidades de matriz africana no Brasil. Como homem negro, advogado e sacerdote de Candomblé, escrevo a partir de um lugar que é, ao mesmo tempo, de pertencimento e enfrentamento.

Minha escuta atenta às lideranças religiosas, aos relatos de violências simbólicas e materiais, e à ausência sistemática de respostas do Estado me levou a perguntar: é possível uma advocacia que proteja, repare e honre? Que não só denuncie, mas também proponha caminhos concretos de justiça? Foi com essas inquietações que iniciei a construção deste livro, ancorado no conceito de **ebó**, não apenas como oferenda religiosa, mas como um gesto político, espiritual e jurídico de restauração.

Ao longo das páginas, o leitor encontrará uma análise do racismo religioso a partir de um caso emblemático – o ato de profanação cometido pelo ex-deputado Wladimir Costa – e uma reflexão sobre os impactos coletivos desse tipo de violência. Mais que isso, encontrará uma proposta concreta: um modelo de Ação Civil Pública que busca responsabilizar agressores e garantir reparações às comunidades atingidas.

Mas este livro é mais que uma peça jurídica. Ele é também um testemunho. Um gesto de reverência às casas de axé, aos orixás e aos saberes ancestrais que nos ensinam que justiça não se faz apenas com leis, mas com respeito, escuta e axé. É, portanto, uma escrita que se constrói entre a dor e a potência, entre o campo do direito e o chão sagrado das encruzilhadas.

Meu desejo é que esta obra sirva como ferramenta, como inspiração e como força para quem luta por um Brasil mais justo, mais plural e, sobretudo, mais respeitoso com suas raízes. Que ela encontre quem precise, como um ebó bem ofertado: com intenção, entrega e esperança.

Com Axé, o autor.

PREFÁCIO

Ebó como ferramenta jurídica: reparação coletiva e racismo religioso em Belém – PA é uma obra que se ergue como contrafeitiço, denúncia e convocação. Nela, Edson Silva Barbosa transforma sua trajetória – de advogado e babalorixá do Candomblé de Ketu há mais de três décadas – em força epistemológica, convocando o Direito a um encontro com a ancestralidade e a justiça social. Segundo ele:

> As trajetórias de vida negras sempre foram silenciadas e invisibilizadas pela sociedade brasileira, onde a desigualdade é parte construtiva da nossa história. Refletir sobre a minha caminhada pessoal e minhas experiências de vida, além de destacar a interconexão entre passado, presente e futuro, enfatiza as lutas sociais e minha busca por justiça e reconhecimento da identidade afro-brasileira. Através dessa reflexão, busco mostrar como esses elementos moldam quem sou e a importância de reivindicar espaço e voz na sociedade. A experiência de ser negro e pensar como pessoa negra no Brasil, é, para mim, um percurso repleto de desafios e aprendizagens, atravessado por uma história de luta e resistência.

Este livro, fruto de uma dissertação que tive a honra de orientar, não se limita a denunciar o racismo religioso: ele o traduz juridicamente, politicamente e espiritualmente a partir de um caso emblemático ocorrido na Amazônia urbana – o ato de profanação de uma oferenda por um ex-parlamentar, um gesto de violência colonial travestido de liberdade de expressão. Edson não apenas narra os fatos: ele exige reparação coletiva e propõe caminhos a partir do Direito, sem jamais ceder à lógica que separa o jurídico do sagrado, o técnico do ancestral.

A escolha do conceito de ebó como base teórica não é apenas simbólica – é um giro radical no modo como pensamos responsabilidade, dano e reparação. O ebó, na cosmologia do Candomblé, não é punição, mas reequilíbrio. Aplicado ao campo jurídico, torna-se metáfora potente e categoria analítica inovadora: uma oferta que transforma o campo do Direito em terreno de disputa de sentidos, memórias e reparações.

O livro carrega, assim, o peso das perguntas que o Direito brasileiro frequentemente se recusa a fazer: Como reparar um povo cuja espiritualidade foi alvo histórico de silenciamento, criminalização e escárnio? Que justiça é possível quando o próprio Estado segue sendo instrumento de profanação?

Edson responde sem apaziguamento, com rigor técnico e sabedoria ancestral. Sua escrita carrega axé e crítica, teoria e chão de terreiro, experiência vivida e insurgência intelectual. O livro afirma que não há neutralidade possível quando o que está em jogo é a dignidade de povos que sustentam esse país mesmo sob ataques cotidianos.

Como orientadora, acompanhar essa escrita foi também um processo de aprendizado. Edson não pediu licença ao cânone: ele o confrontou. Não aceitou os limites da academia: ele os expandiu. Sua pesquisa é, ao mesmo tempo, denúncia do racismo estrutural e anúncio de outras formas de pensar o Direito – mais próximas do corpo, da fé, da memória e da justiça real.

Este livro é oferenda, é escudo e é semente. Que ele circule como devem circular os ebós: para abrir caminhos, desfazer maldições e restituir equilíbrio onde impera o desequilíbrio de séculos.

Professora doutora Luanna Tomaz

Instituto de Ciências Jurídicas da Universidade Federal do Pará

SUMÁRIO

1

INTRODUÇÃO

Eu ensinei aos meus filhos, o que aprendi com a minha mãe, que aprendeu com a minha vó, que ouvia os conselhos da minha bisavó, que sempre seguiu os passos da minha tataravó.... A vida não foi feita apenas para viver. A vida foi construída numa perspectiva infindável, porque todos nós trazemos em nossos corpos as marcas que advém da nossa ancestralidade.

(Bàbá Edson Catendê, 2024).

Eu sou um bàbálórìsà[1] do Candomblé de Ketu[2] há mais de 30 anos, e também advogado, tendo dedicado minha vida ao trabalho na área de defesa dos direitos humanos e combate ao racismo religioso. Além disso, atuo diretamente na defesa dos direitos humanos das comunidades religiosas de matriz africana. Não obstante, também trabalho em organizações não governamentais que lutam pela igualdade de direitos, bem como em movimentos sociais, políticos e culturais que buscam dar visibilidade e combater a discriminação racial e religiosa. Infelizmente, diversas vezes já fui vítima de racismo.

"O machado corta, a árvore recorda" é um provérbio africano que ilustra como as comunidades tradicionais de matriz africana,

[1] Autoridade máxima na hierarquia do terreiro, Sacerdote de Candomblé. O mesmo que babalorixá. Consequentemente, adoto a grafia em Língua Portuguesa ao longo da obra.

[2] Religião afrobrasileira, uma das grandes nações do Candomblé de Rito Nagô com influência dos povos yorubanos. Cultua os Orixás. Keto ou Queto.

mesmo sofrendo cortes e violações de direitos, encontram força em sua ancestralidade para resistir e lutar contra o racismo religioso. Ele traz esse enfrentamento dos povos e comunidades tradicionais de matriz africana e de terreiro em busca de reparação dos danos causados por atitudes racistas, o qual será objeto desta obra.

Como um machado que corta, as atitudes racistas causam danos a outros seres humanos. Ferindo-os emocionalmente, depreciando suas reputações causando-lhes danos morais e materiais. Essas feridas podem ser profundas e duradouras, deixando cicatrizes intensas nas vítimas. Assim como a árvore que guarda a memória do machado, enfatiza a capacidade de resistência das árvores, ou seja, dos povos de matriz africana de terreiro. Essa resistência é construída sobre uma base sólida de identidade cultural, tradições ancestrais e espiritualidade, fundamentais para a sobrevivência e preservação dessas comunidades.

O presente livro parte da minha experiência como sacerdote da tradição de matriz africana de terreiro há mais de 30 anos e agente do direito atuante em prol da defesa dos direitos humanos. Ao longo de minha trajetória pessoal e profissional, tenho atuado na proteção e promoção dos direitos das comunidades afro-religiosas, trabalhando para garantir a liberdade religiosa e enfrentar a discriminação.

Ademais, como membro de uma comunidade de povo de terreiro e como homem negro, vivencio na pele os efeitos do racismo religioso, seja por meio de manifestações de ódio, violência verbal ou exclusão social. Essas experiências pessoais me afetam diretamente, criando uma conexão profunda com o tema em questão e me motivam a realizar este estudo.

De posse dessa posição, destaquei um dos inúmeros casos de racismo religioso enfrentado pelos praticantes de terreiro, que é o de Wladimir Costa, ex-deputado federal. Tal fato demonstrou padrões dessa prática que violam direitos fundamentais. O caso do deputado Wladimir Costa gerou grande repercussão no estado do Pará, o que torna importante adotar medidas concretas para garantir a reparação e o respeito à diversidade religiosa.

A partir da análise dos efeitos danosos gerados por esse caso, foi constatada a necessidade de criação de medidas de prevenção, punição e reparação de danos morais causados por essa forma específica de discriminação para se promover a igualdade e o respeito à diversidade religiosa.

Este estudo justifica-se não apenas pela relevância social e acadêmica do tema, mas também por minha vivência pessoal como vítima, como homem negro, como sacerdote, bem como pelo meu engajamento profissional de advogado na defesa dos direitos das comunidades afro-religiosas.

No processo de redemocratização do Estado brasileiro, com a adoção legal da livre forma de expressão de culto e o Estado declarando-se como "laico", constatamos ainda a postura efetiva em favor do racismo religioso, vis-à-vis, os dados de homicídio. Segundo o Atlas da Violência 2020, a taxa de homicídio de negros cresceu 11,5%, de 2008 a 2018, enquanto a de não negros caiu 12% (FBSP, 2023).

Com base nos dados da Pesquisa Nacional por Amostra de Domicílios – PNAD, um dos principais indicadores do mercado de trabalho, a taxa de desocupação foi, em 2019, de 9,3% para brancos, enquanto para pretos ou pardos foi de 13,6% (IBGE, 2023). De acordo com o Anuário Brasileiro de Segurança Pública, em 2022, do Fórum Brasileiro de Segurança Pública (2023), foram registradas 2.458 ocorrências de crimes resultantes de preconceito de cor, o que representa uma taxa de 1,7 caso a cada 100 mil habitantes. O valor é 67% maior do que os 1.454 de 2021. Segundo dados da Ouvidoria Nacional de Direitos Humanos (ONDH, 2021), foram feitas 571 denúncias de violação à liberdade de crença no Brasil, sendo que mais da metade foram dirigidas aos cultos de matriz africana (IBGE, 2023).

Silva Neto (2020) aduz que muitos estudos históricos sobre a escravidão no Brasil concentram-se nas regiões produtoras de café, açúcar e ouro, como Rio de Janeiro, Minas Gerais e Bahia. Essas regiões foram consideradas mais "importantes" do ponto de vista econômico e político, enquanto a escravidão na Amazônia era esquecida ou subestimada, incorrendo num impacto profundo na demografia, cultura e economia da região. Muitos costumes, tradições e práticas culturais presentes até hoje na região têm raízes na herança africana.

Logo, a negação da presença negra na Amazônia não apenas ignora a história e os fatos, bem como desconsidera a importância do legado afro-brasileiro para a formação da identidade e cultura da região. Assim, o historiador Vicente Salles (2005, p. 93) assevera que:

> Na Amazônia, contudo, a contribuição cultural do negro é sistematicamente diminuída, e até negada, no conjunto dos seus valores constitutivos. O negro, menos ainda que o branco europeu, vale dizer o lusitano, quase nada teria deixado de sua presença na região.

Prosseguindo com a sua reflexão, Salles (2005) enfatiza que, no século passado, houve uma volumosa produção de literatura etnográfica focada principalmente na origem e cultura indígena. Ao pesquisar essa bibliografia, percebe-se ainda influências e elementos culturais africanos presentes nas sociedades estudadas. Essa constatação revela a importância de uma abordagem mais abrangente e inclusiva na análise das diferentes culturas e suas influências mútuas na formação das identidades e tradições.

Outrossim, o estudo das influências das tradições de matriz africana na Amazônia revela um aspecto histórico frequentemente negligenciado nas narrativas sobre a escravidão no Brasil. Segundo Silva Neto (2020), a atenção dos historiadores tem sido maior nas regiões como Rio de Janeiro, Minas Gerais e Bahia, áreas reconhecidas por sua relevância econômica devido à produção de café, açúcar e ouro. Dessa forma, essa ênfase acaba ofuscando a importância da escravidão na Amazônia, cujas consequências foram igualmente significativas, mas muitas vezes subestimadas.

Na Amazônia, a escravidão não apenas moldou a demografia, mas também a cultura e a economia local. A presença de povos africanos escravizados na região resultou em um entrelaçamento de tradições e práticas que estão presentes na vida cotidiana (Salles, 2005). Elementos culturais, como a música, a dança, as culinárias típicas e as festividades, frequentemente têm raízes na herança africana. Isso se traduz em diversas manifestações culturais que refletem essa fusão, incluindo as religiões afro-brasileiras, como Tambor de Mina, Umbanda e Pena e Maracá.

As religiões de matriz africana no Estado do Pará, conforme abordado por Virgolino e Silva (2003), incluem a Mina e o Candomblé. A Mina, originada por escravizados do Daomé, foi introduzida no Pará em meados do século XIX, enquanto o Candomblé chegou entre as décadas de cinquenta e setenta do século XX. O nome "Mina" remete ao Forte São Jorge de Elmina, na atual Gana, que desempenhou um papel na exportação de escravizados para o Brasil.

O movimento social afro-religioso brasileiro, segundo Moraes (2020), começou a se organizar na década de 1930, visando à legitimação das religiões afro-brasileiras, que eram muitas vezes desacreditadas, vistas como feitiçaria e magia. Na década de 1950, esse movimento ganhou força com a criação de entidades que combatiam a intolerância religiosa e a repressão policial, especialmente à Umbanda no Sudeste do Brasil.

Os terreiros de Umbanda no Brasil começaram a se registrar em cartório para validar suas práticas, adquirindo um caráter assistencialista e se tornando conhecidos como "sindicatos da umbanda". Essa luta é fundamental para combater o racismo religioso e proteger os direitos dos praticantes. Em 1964, foi criada a FEUCABEP – Federação Espírita dos Cultos Afro-brasileiros do

Estado do Pará, para mediar a relação entre as religiões afro e o Estado, conforme relatam Virgolino e Silva (2003).

Durante a ditadura militar (1964-1969), houve a obrigatoriedade de filiação dos médiuns à federação e a implementação de serviços de assistência médica e jurídica para os associados. Cordovil (2009) destaca que, apesar da importância da FEUCABEP, sua atuação foi limitada pelas repressões do regime militar, o que dificultou a defesa dos direitos humanos dos adeptos dessas religiões.

O Pará, estado localizado na região Norte do Brasil, tem se destacado negativamente no que diz respeito à ocorrência de casos de intolerância religiosa. De acordo com dados do Ministério da Mulher, da Família e dos Direitos Humanos, é o 1º estado da região Norte e o 13º do país com maior número de registros desse tipo de violência no ano de 2021 (MMFDH, 2021). Em 2022, os números fornecidos pela Secretaria de Segurança Pública e Defesa Social do Estado do Pará (SEGUP, 2022) mostram que os crimes contra religiosos tiveram um aumento exorbitante de 271% entre os anos de 2020 e 2021.

A gravidade dessa situação fica ainda mais latente ao observarmos o histórico recente de violações dos direitos dos praticantes das religiões de matriz africana no Pará. Segundo um relatório elaborado pelo Povos Tradicionais de Matriz Africana e de Terreiro (POTMA)[3], em 2017, sobre as violações de direito à liberdade, nos anos de 2015 e 2016 foram registrados sete assassinatos de sacerdotes e sacerdotisas dessas religiões. Esses dados demonstram que a violência contra essas comunidades religiosas é uma questão que persiste ao longo do tempo.

---

[3] Decreto n. 1.690 de 03 de fevereiro de 2017, homologa a Resolução n. 306 de 30 de novembro de 2016 que criou o Grupo de trabalho de matriz africana para elaboração do Relatório dos POTMA sobre violações de direitos referentes a atos violentos cometidos contra pessoas integrantes de religiões de matriz africana (Decreto n. 1.690, 2017).

No dia 12 de janeiro de 2017, em Belém, ocorreu uma demonstração de intolerância religiosa e racismo institucional durante uma caminhada organizada por grupos como POTMAS, FOPAFRO[4] e Movimento Atitude Afro[5]. Durante o evento, a Prefeitura, por meio da Guarda Municipal e da Polícia Militar, tentou impedir a caminhada, proibindo o uso de carro de som, enquanto um grupo evangélico, com apoio do órgão, formou uma corrente ao longo do trajeto do evento. Os participantes da caminhada foram hostilizados, vivendo uma situação de constrangimento e sendo submetidos a gritos de "exorcismo" por parte da comunidade evangélica, caracterizando um clima de opressão e desrespeito (Barbosa, 2023).

De acordo com os dados fornecidos pela Delegacia de Combate a Crimes Discriminatórios e Homofóbicos (DCDH[6] – 2019), em Belém, os casos de intolerância religiosa aumentaram 900% em quatro anos. Em 2015, houve um registro de inquérito, que subiu para quatro em 2016 e 2017, e para nove em 2018. Em 2019, já foram instaurados três inquéritos. A maioria dos casos envolve injúria contra religiões de origem africana, como Umbanda e Candomblé. Em 12 de abril de 2019, uma das pessoas que registrou inquérito foi a zeladora de santo Vanessa Pereira, do terreiro "Barracão do

[4] Fórum Permanente de Afro Religiosos do Pará, fundado em 2014, traz como objetivo debater, articular e implementar a luta por cidadania, preservação cultural e a luta contra o Racismo Religioso. É um espaço aberto ao debate para discutir questões especificas que irão buscar solucionar problemas que afetam as comunidades de terreiro do Estado do Pará.

[5] Movimento Atitude Afro, criado em 2015 como grupo de pressão com o objetivo de pressionar o poder público pela salvaguarda e proteção de tradições de matriz africana em Belém e região metropolitana. Esse foi um dos espaços que a comunidade ocupou para lutar contra a violência – inclusive institucional – na cidade, em prol da liberdade e diversidade das manifestações religiosas

[6] A Delegacia de Combate aos Crimes Discriminatórios e Homofóbicos (DCCDH), vinculada à Diretoria de Atendimento a Grupos Vulneráveis (DAV), é uma unidade especializada para receber e responsabilizar os casos de discriminação racial. As ocorrências recebidas pela Delegacia geram procedimentos, que são investigados e encaminhados para a Justiça.

Seu Zé", quando, em seu relato, afirma que a vizinha "vai para o meio da rua, grita, da última vez ameaçou jogar água quente na minha filha e no meu cachorro. Ela me xinga de macumbeira, diz que sou fracassada, xinga as pessoas que vão no terreiro. Ela os aborda na rua dizendo para não ir lá, que é coisa do demônio".

Durante a pandemia, o negacionismo religioso neopentecostal foi utilizado como justificativa para promover intolerância religiosa e racismo contra as religiões afro-brasileiras, sendo rotuladas como "pagãs" e "demoníacas". Além disso, líderes neopentecostais disseminaram informações falsas, alegando que essas religiões teriam provocado a pandemia e que seus praticantes estariam imunizados contra o coronavírus. Essa situação levou a vários episódios de violência, com líderes evangélicos incitando seus fiéis a agredirem os adeptos das tradições afro-brasileiras (Fernandes, 2022).

Nesse contexto, o Brasil registrou, em 2022, três queixas de intolerância religiosa por dia; o total já chega a 545 no país. Os dados do Disque 100[7] (G1, 2022, on-line) mostram que o número de denúncias de intolerância contra religiões afro-brasileiras aumentou drasticamente desde 2019. Em 2020, houve um aumento de 1341% em relação ao ano anterior e, em 2021, houve uma queda de 21%, mas ainda um aumento de 1135% em relação a 2019. Em 2022, o número de reclamações caiu 52%, mas ainda é 547% maior do que o total de 2019 (G1, 2022, on-line)

Em 3 de dezembro de 2023, Mãe Ângela Cézar, líder do Terreiro "Morada de Marabô", situado no Distrito de Mosqueiro[8], em Belém, chegou ao local e se deparou com as imagens dos caboclos e orixás cultuados ali totalmente danificadas. "Embora não residamos diretamente aqui, estamos sempre presentes para cuidar

---

[7] Disque 100 é um serviço do governo federal para denunciar violações de direitos do Ministério da Mulher, da Família e dos Direitos Humanos, o levantamento apresentado foi feito pela Globo.

[8] https://g1.globo.com/pa/para/noticia/2023/12/06/policia-investiga-caso-de-racismo-religioso-contra-terreiro-de-umbanda-em-belem.ghtml.

e zelar por este espaço. Ninguém levou nada; o que ocorreu foi apenas a depredação das imagens", afirmou.

A mobilização do FOPAFRO, Movimento Atitude Afro e a Frente POTMAS do Pará busca garantir a liberdade de culto para a mulher preta e quilombola Jussilene Natividade Maia[9], em resposta a uma decisão judicial considerada abusiva. Jussilene, vítima de uma sentença homologatória de transação penal, é obrigada a abandonar sua moradia anexa a um templo umbandista, enfrentando restrições inconstitucionais, como a proibição de usar tambores e sinos, alegando perturbação do sossego.

A impetração do habeas corpus pelo Instituto de Defesa dos Direitos das Religiões Afro-brasileiras (IDAFRO)[10] argumenta que essas sanções violam direitos fundamentais, como a liberdade religiosa e o direito à moradia, além de questionar a legitimidade da decisão, não baseada em laudo pericial que comprovasse a suposta perturbação sonora. A liminar busca suspender a decisão que impõe tais restrições, com risco de dano irreparável à dignidade e liberdade da paciente. A situação destaca a importância da proteção dos direitos das religiões afro-brasileiras frente a ações legais, as quais podem ser percebidas como repressivas.

Dessa forma, é imperativo que discutamos formas para apaziguar os efeitos danosos sofridos pelas práticas de uma herança escravista e escravocrata brasileira, dentre elas, uma ação por danos morais e materiais visando reparar os prejuízos sofridos pelos indivíduos afetados, tanto no aspecto emocional causado pela discriminação quanto nos prejuízos econômicos decorrentes dela.

O racismo religioso é uma forma de discriminação que afeta diversas comunidades ao redor do mundo. No Brasil, os povos tradicionais de matriz africana de terreiro têm sido alvos constantes

---

9 https://revistacenarium.com.br/justica-manda-fechar-terreiro-no-para-e-mae-de-santo-alega-intolerancia/.

10 https://www.conjur.com.br/2024-set-22/juiza-anula-transacao-penal-que-obrigava-mae-de-santo-a-se-mudar/.

dessa violação de direitos fundamentais, enfrentando o dano moral coletivo causado pelo preconceito e intolerância religiosa. Nesse contexto, é indispensável uma análise aprofundada do problema na zona metropolitana de Belém do Pará, de modo a promover a conscientização e buscar soluções efetivas.

Os povos e comunidades tradicionais de matriz africana são grupos que têm em comum as diversas tradições religiosas de matriz africana no Brasil, como o Candomblé, a Umbanda e o batuque. Os povos de terreiro são aqueles que se identificam com essas tradições religiosas, compartilhando cultura, língua, história, costumes e valores. Ademais, são considerados tradicionais porque preservam práticas, conhecimentos e modos de vida ancestrais que são transmitidos de geração em geração. Além disso, possuem uma forte relação com o território e os recursos naturais, que sustentam sua subsistência e organização social.

Durante o período colonial, as autoridades políticas e religiosas portuguesas proibiam as práticas dos cultos tradicionais de matriz africana, com punições severas, chegando até a condenação à morte. Essa proibição tinha como objetivos cristianizar os africanos, convertendo-os ao catolicismo, e desestabilizar as comunidades africanas, enfraquecendo seus laços culturais e sociais. No período republicano, as religiões afro-brasileiras sofreram transgressões e foram vítimas de preconceito e marginalização por serem consideradas cultos.

Ainda, a partir da década de 1890, o Estado tentou reprimir essas práticas religiosas, criminalizando seus líderes e destruindo seus templos, numa tentativa de eliminar os cultos afro-brasileiros. Isso causou um grande impacto nas comunidades religiosas (Oliveira, 2015). Em contrapartida, no século XX, as religiões afro-brasileiras ganharam uma relativa tranquilidade com a nova Constituição de 1988, que garantiu a todos a liberdade de culto. No entanto, mesmo após mais de dois séculos, esses povos continuam enfrentando perseguições, discriminação e violência. Ainda sofrem preconceito e perseguição por parte da sociedade, das instituições religiosas hegemônicas e das instituições públicas (Moraes, 2016; Fernandes, 2021; Marinho, 2022; Flor do Nascimento, 2022). Mesmo diante das adversidades, esses povos permanecem firmes e vibrantes, enraizados na rica diversidade cultural e tradicional do país.

Esses casos relevam um contexto de constantes violações. Este livro, contudo, foca-se em um caso específico envolvendo o radialista e ex-deputado federal Wladimir Costa, que gravou um vídeo de cunho discriminatório contra as religiões de matriz africana e o divulgou nas redes sociais (Farias, 2019). Apesar de o ex-deputado ter sido condenado no juízo de direito da 10ª Vara Criminal da Comarca de Belém, na sentença n. 46/2023, com base no artigo 20, §2º da Lei n. 7.716/89, é importante questionar o resultado da reparação do dano coletivo sofrido (Poder Judiciário do Pará, 2024).

Autores como Munanga (2023) e Lopes (2023) destacam em suas obras a importância da valorização das religiões de matriz africana e a necessidade de combater o racismo religioso. Munanga (2023) discute as formas de preconceito e discriminação enfrentadas pelos afrodescendentes, incluindo o racismo religioso. Lopes (2023) aborda o poder e a importância das práticas e crenças religiosas dos povos de terreiro, bem como a luta contra o racismo religioso. Lopes (2023) assevera a necessidade de preservar e valorizar a cultura afro-brasileira, especialmente as tradições religiosas, como forma de combater a intolerância e o preconceito.

Ao utilizar o termo "racismo religioso", é enfatizada a natureza racializada da intolerância religiosa no Brasil. Logo, reconhece-se que a discriminação contra as religiões de matriz africana está profundamente enraizada nas noções de superioridade branca e na história de opressão racial no país. Assim, essa terminologia coloca em destaque a interseção de raça e religião como uma forma particularmente insidiosa de preconceito e injustiça.

A Cartilha Terreiros em Luta (ONG Criola, 2022, p. 8)[11] expõe com precisão que

> [...] racismo religioso é um conjunto de práticas violentas que expressam a discriminação e o ódio pelas religiões de matriz africana e seus adeptos, assim como pelos territórios sagrados, tradições e culturas afro-brasileiras.

O racismo religioso visa desvalorizar, marginalizar e perseguir as religiões afro-brasileiras, desrespeitando suas crenças, rituais e costumes. Esse crime é baseado em estereótipos negativos e enraizados na sociedade, perpetuando estigmas e impedindo o pleno exercício da liberdade religiosa. É uma violência que atinge não apenas os indivíduos, mas as estruturas sagradas e simbólicas dos terreiros e dos espaços onde essas tradições são praticadas.

Segundo Silva Júnior (2022), a expressão "racismo religioso" foi criada pela ONU na década de 1960 e tem adquirido significados jurídicos diversos ao longo dos anos. Ele argumenta que o conceito de "intolerância religiosa" é insuficiente, pois os ataques não se restringem apenas à religiosidade, mas também miram o patrimônio cultural e o legado da diáspora africana provocada pelo tráfico transatlântico.

Como exemplos de tentativas de apagamento desse legado, tem-se a substituição da palavra "acarajé" por "bolinho de Jesus" e a denominação de "capoeira gospel", "umbanda branca". Tais expressões, entre outras corriqueiras no imaginário nacional, demonstram uma constante antagonização sobre o legado africano, antítese ao que lhe é vinculado à civilização.

[11] A cartilha "Terreiros em luta: caminhos para o enfrentamento ao racismo religioso" é uma iniciativa do projeto Racismo Religioso e Redução da Violência e Discriminação contra Praticantes de Religiões Afrodescendentes no Brasil, uma ação que envolve o Ilê Axé Omiojuarô (RJ), Ilê Axé Omi Ogun siwajú (BA) e Criola (RJ) para o enfrentamento do racismo religioso no Brasil, a partir do fortalecimento institucional das organizações não-governamentais, organizações religiosas e outros movimentos de religiões de matriz africana.

O Sr. Wladimir Costa pegou a cesta de frutas e velas, que se tratava de uma oferenda para a natureza, isto é, um "ebó", cuja significação para o povo de terreiro é de completude, representando um momento de conexão com o sagrado e todo o universo do axé, que, segundo Beniste (2011, p. 128), é "força, poder, o elemento que estrutura uma sociedade, lei, ordem". Ele mexeu com elementos basilares e de dimensões incalculáveis em se tratando dos saberes e fazeres filosóficos tradicionais de matriz africana. Além disso, em um vídeo gravado por ele mesmo e publicado em redes sociais, incitou a discriminação e o preconceito às religiões de matriz africana (Farias, 2019).

Quando se trata dos ebós necessários de serem realizados no entorno dos terreiros, tais como em matas, estradas, encruzilhadas, águas, pedreiras, os ataques persistem por parte da sociedade e de agentes públicos. Ambos se utilizam de todos os artifícios para proibir e impedir a realização desses atos. "Um ebó pode ser definido como um ato de se fazer uma oferenda" (Beniste, 2008, p. 280). Logo, é uma ação extremamente necessária das tradições de matriz africana que envolve a realização de oferendas usando elementos do reino animal, mineral e vegetal, objetivando alcançar um determinado fim. É considerada a maior fonte de comunicação entre todas as forças do universo, fundamental para a manutenção e fortalecimento dessas tradições.

Diante desse cenário, pretendo fazer meus ebós a partir de dois caminhos distintos. O primeiro consiste na elaboração desta obra, que conta um pouco dos nossos viveres e fazeres dentro do terreiro, além de ser uma forma de enfrentamento ao racismo que nós, praticantes de religiões de matriz africana da zona metropolitana de Belém, sofremos diariamente. O segundo é a busca por reparação por meio de uma ação civil pública de dano moral contra as atitudes racistas do Sr. Wladimir Costa.

Se acordo com os dados fornecidos pela Federação de Umbanda e Cultos Afrobrasileiros (FEUCABEP), a Zona metropolitana de Belém tem cerca de 3.500 terreiros e o racismo religioso é uma realidade que afeta os POTMA[12] de terreiro, como vai asseverar Flor do Nascimento (2016), a religiosidade de matriz africana é constantemente atacada por ser uma forma de vivência e concepção de mundo diferente das religiões ocidentais dominantes. A matriz africana desafia as normas eurocêntricas e levanta questões sobre a centralidade do cristianismo na cultura brasileira, o que desconforta àqueles que perpetuam a supremacia branca e a dominação cultural.

Esses atos de racismo religioso representam uma grave violação aos direitos humanos, ferindo a dignidade e a liberdade de crença, bem como o culto dessas comunidades, culminando por gerar impactos materiais, psicológicos (por vezes físicos) e emocionais nos indivíduos, como também nas comunidades afetadas, gerando danos que devem ser reparados.

Utilizar o ebó como uma base para uma advocacia de enfrentamento ao racismo religioso traz a necessidade de reposicionar categorias jurídicas para responder às violações de direitos que essas populações sofrem historicamente a partir da filosofia africana. Tal hipótese tem por premissa que o direito não consegue responder à ampla pluralidade dos saberes contemporâneos, uma vez que existem diferentes formas de se entender e aplicar o direito nos mais diversificados contextos sociais e culturais.

---

12 Povos e Comunidades de terreiro são aquelas famílias que possuem vínculo com casa de tradição de matriz africana – chamada casa de terreiro. Esse espaço congrega comunidades que têm características comuns, como a manutenção das tradições de matriz africana, o respeito aos ancestrais, os valores de generosidade e solidariedade, o conceito amplo de família e uma relação próxima com o meio ambiente. Dessa forma, essas comunidades possuem uma cultura diferenciada e uma organização social própria, que constituem patrimônio cultural afro-brasileiro. A identificação como pertencente a uma casa de tradição de matriz africana ou casa de terreiro é auto declaratória, seguindo os mesmos princípios da Convenção n. 169 da Organização Internacional do Trabalho (OIT), para povos indígenas e tribais (Ministério do Desenvolvimento e Assistência Social, Família e Combate à Fome, 2022).

Como forma de concretização da hipótese levantada, um caminho de reparação possível é o pedido de indenização por danos morais e materiais. O dano moral se configura na lesão aos direitos personalíssimos e à dignidade das pessoas afetadas. Diniz (2005) define que a lesão é caracterizada como a diminuição ou destruição que uma pessoa sofre, contra a sua vontade, em qualquer bem ou interesse jurídico, seja ele de natureza patrimonial ou moral. Esse dano pode ser resultante de um evento específico e considerado injusto, pois é imposto à pessoa sem o seu consentimento.

> O lesionamento a elementos integrantes da esfera jurídica alheia acarreta ao agente a necessidade de reparação dos danos provocados. É a responsabilidade civil, ou obrigação de indenizar, que compele o causador a arcar com as consequências advindas da ação violadora, ressarcindo os prejuízos de ordem moral ou patrimonial, decorrente de fato ilícito próprio, ou de outrem a ele relacionado (Bittar, 2015, p. 561).

Neste caso em monta, a exposição pública dos ebós ofertados pelos afro-religiosos e os comentários depreciativos em relação à religião de matriz africana causaram indignação, constrangimento, humilhação e sofrimento psicológico na comunidade afetada. Portanto, é cabível ação indenizatória visando ao ressarcimento ou à reparação de danos causados.

Essa premissa é chamada de responsabilidade civil que, segundo Rodrigues (2007), é um conceito jurídico que define a obrigação de uma pessoa reparar os danos ou prejuízos causados a outra pessoa, seja por sua própria ação ou pela ação de outras pessoas ou coisas sob sua dependência. Trata-se de uma importante área do direito que visa assegurar a justa reparação dos danos causados.

Além disso, é possível alegar o dano material, referente às consequências financeiras decorrentes da situação. Isso poderia incluir prejuízos financeiros diretos relacionados ao possível abandono de clientes do espaço de terreiros para fazerem consultas ou ebós, queda de arrecadação para a manutenção do terreiro ou prejuízo na imagem dos sacerdotes(as) ou praticantes dos cultos, influenciados pelos vídeos, por exemplo.

Como no caso, o racismo religioso também ocorre no ambiente virtual, o que muitos autores irão chamar de ciberracismo. Oliveira Júnior (2021) faz uma reflexão conceitual referente às práticas de racismo ocorridas no ambiente virtual, abordando tanto o racismo direcionado às populações negras como a grupos sociais diferentes, como judeus, indígenas, islâmicos, sociedades multiculturais e imigrantes. Sua importância está relacionada à capacidade de abranger diferentes fenômenos sociais e está presente nas agendas e discursos políticos, tratando de realidades sociológicas conectadas em redes.

De acordo com um levantamento realizado pela Safernet (2022), organização não governamental que monitora violações aos direitos humanos, os casos de racismo religioso no ambiente virtual quintuplicaram em apenas um ano. Entre janeiro e outubro de 2021, foram registrados 614 ataques de intolerância religiosa on-line. Já no mesmo período de 2022, esse número saltou para assustadores 3,8 mil casos, representando um aumento de 522%. Esses números alarmantes refletem uma realidade preocupante, na qual indivíduos estão se sentindo encorajados a propagar preconceitos e ódio religioso no ambiente virtual.

A gravidade dessas ofensas discriminatórias é inquestionável, representando uma violação aos direitos humanos, como a dignidade e a liberdade de crença e culto das comunidades afro-religiosas. Além disso, esses atos têm impactos psicológicos e emocionais nos indivíduos e nas comunidades afetadas, gerando danos morais (Bittar, 2015).

Diante disso, é necessário o reconhecimento e a proteção efetiva dessas pessoas perante a lei. Isso inclui a punição de práticas discriminatórias, o estabelecimento de políticas públicas de inclusão e a promoção de uma educação que respeite e valorize a diversidade religiosa.

Historicamente, as lutas contra o racismo religioso no Estado do Pará têm suas raízes na resistência dos praticantes de religiões de matriz africana, que enfrentaram perseguição, violência e tentativas de apagamento de suas práticas religiosas ao longo dos anos. Portanto, compreender essa história de luta é fundamental para enfrentar os desafios atuais e buscar estratégias eficazes de combate ao racismo religioso.

Em relação ao racismo religioso sofrido pelo povo de terreiro na zona metropolitana de Belém, a Ação Civil Pública de Danos Morais pode ser uma importante medida para combater e buscar a reparação desses atos discriminatórios (Silva Júnior, 2024). A Ação Civil Pública de Danos Morais (ACPDM) é um instrumento jurídico destinado a proteger interesses difusos ou coletivos, responsabilizando aqueles que causam danos a esses bens tutelados. Essa ação pode ser proposta pelo Ministério Público ou por outras pessoas jurídicas, sejam elas de direito público ou privado, com o objetivo de proteger o patrimônio público e social, o meio ambiente, o consumidor, entre outros, e obter a reparação de danos.

Diante dessa problemática, surge a inquietação sobre como é possível pensar, a partir do ebó, uma advocacia de reparação de danos coletivos por racismo religioso no Brasil. Nesse sentido, o produto desse questionamento será uma obra literária jurídica e uma petição antirracista de dano moral.

Para esta obra, foi primeiramente realizado o levantamento bibliográfico em livros e artigos no Portal de Periódicos, abordando a literatura acadêmica sobre racismo religioso, dano moral coletivo e a situação dos povos tradicionais de matriz africana de terreiro na zona metropolitana de Belém do Pará.

Além disso, foi feita também uma pesquisa documental nos relatórios de dados oficiais sobre estatísticas de racismo religioso da Secretaria Nacional de Segurança Pública (2021; 2022; 2023), do

Ministério dos Direitos Humanos e Cidadania (2023), do Segundo Relatório sobre Intolerância Religiosa (Ministério da Mulher, da Família e dos Direitos Humanos, 2021) e dos POTMA (Dec. n. 1.690, 2017). Tais relatórios contribuíram para o constructo desta obra, na medida em que trouxeram a compilação acerca das violações de direitos dessa população, consistindo nos dados mais recentes até o presente momento.

Efetivou-se igualmente um grupo focal com lideranças afro-religiosas da Região Metropolitana de Belém, pertencentes às Nações Ketu, Angola, Umbanda, Jeje Savàlu, Tambor de Mina, Nagô Fon e Pajelança, no dia 05 de setembro de 2024, com duração aproximada de cinco horas, realizado na Associação dos Filhos e Amigos do Iyá Ilê Omi Asè Ofá Kare (AFAIA), escolhidas pela conveniência e oportunidade no aceite ao convite de participação na roda de conversa.

Tal grupo foi pensado com o objetivo de obter as perspectivas necessárias para uma atuação conjunta do pensar o Direito e os saberes tradicionais dos Povos e Comunidades de Terreiro de Matriz Africana, os quais historicamente são vislumbrados como apartados, mas que, na verdade, sempre andaram juntos, pois o Direito inexiste sem aqueles para quem deva atuar na proteção dos deveres e direitos.

Entre setembro e outubro de 2024, foram conduzidas sete entrevistas semiestruturadas com advogadas e advogados negros associados à Ordem dos Advogados do Pará (OAB/PA). O objetivo dessas entrevistas foi coletar insights e sugestões sobre uma petição inicial que eu havia elaborado. Cada um dos entrevistados teve a oportunidade de analisar a peça e compartilhar suas contribuições, visando aprimorar seu conteúdo e eficácia. Essa prática se insere em um esforço mais amplo de promover diversidade e inclusão no campo jurídico, ao mesmo tempo em que busca enriquecer a qualidade do trabalho jurídico com perspectivas diversas. A troca de experiências e conhecimentos durante as entrevistas foi fundamental para identificar pontos de melhoria e reforçar a importância da representatividade no exercício da advocacia.

Todas as pessoas participantes concederam a devida autorização em áudio para a utilização das entrevistas realizadas para fins deste livro e dos frutos dela provenientes para a luta coletiva antirracista. A obra teve uma perspectiva afrocentrada, focando nas experiências e perspectivas das comunidades africanas e afrodescendentes no centro da análise, em particular o ebó. Para tanto, priorizou fontes primárias e secundárias que emanavam das comunidades afro-brasileiras, assim como a reflexão crítica sobre o impacto do eurocentrismo e do racismo nos estudos acadêmicos.

> É preciso contextualizar a emergência da teoria da afrocentricidade na qualidade de um campo epistemológico profícuo para pesquisadores e intelectuais negros e não negros interessados em uma abordagem contra hegemônica e que estabelece diálogo com outras sem se impor como única e absoluta (Lima, 2020, p. 24).

O percurso de estudo afrocentrado é uma abordagem que coloca a perspectiva africana e afrodescendente no centro das discussões e análises. Ela busca decolonizar o conhecimento, questionando estruturas dominantes que perpetuam visões eurocêntricas e racistas. Ao utilizar essa vereda teórica em temas que discutem o racismo e a população africana e afrodescendente no mundo, é possível trazer à tona a história, a cultura, as experiências e as lutas desse grupo marginalizado. Isso é importante porque, historicamente, a narrativa hegemônica privilegiou o conhecimento produzido por europeus e deixou de lado ou distorceu a contribuição africana e afrodescendente para a humanidade (Asante, 2009).

O percurso deste estudo afrocentrado permite a valorização das contribuições da população africana e afrodescendente em diversas áreas, como arte, ciência, filosofia, religião, entre outras. Além disso, promove o empoderamento dessa população ao reconhecer suas experiências e identidades, desafiando a ideia de inferioridade racial.

Entre os principais escritores, pesquisadores, ativistas e intelectuais afrocentrados que terão destaque neste livro por suas contribuições significativas na luta pela emancipação e valorização da população africana, tanto nos Estados Unidos como em outros países, tem-se: Molefe Kete Asante (2014); Frantz Fanon (2008; 2022); Abdias do Nascimento (2019); Lélia Gonzalez (1982); Ratts e Rios (2010); São Bernardo (2022).

Assim, os autores e autoras supracitados contribuíram de forma significativa para a compreensão do racismo, da opressão e da necessidade de emancipação dos povos africanos e afrodescendentes. Seus trabalhos e ideias continuam sendo relevantes e influentes até os dias de hoje.

Por outro lado, essa abordagem pode ser objeto de críticas. Alguns argumentam que, ao colocar a perspectiva afrocentrada, corre-se o risco de criar uma visão unilateral da realidade, excluindo outras perspectivas. No entanto, vale destacar que o percurso deste estudo afrocentrado não busca substituir outras perspectivas, mas sim equilibrar o conhecimento e dar voz a grupos historicamente marginalizados. Por se tratar de uma tessitura acadêmica afrocentrada, é impossível descuidar da marca da oralidade e ancestralidade trazida por essas populações e pelo autor como babalorixá, uma vez que esse é um conhecimento que não está somente nos livros, mas também nas vozes, nos corpos e nas vidas dessas pessoas.

Ao propor uma Ação Civil Pública de Danos Morais, é possível responsabilizar os agressores e buscar a reparação pelos danos morais causados. A ação pode requerer que os réus sejam condenados à obrigação de fazer ou deixar de fazer determinados atos, visando coibir o racismo religioso e garantir a proteção dos seguidores de religiões de matriz africana.

Nesse diapasão, a responsabilidade civil é um conceito jurídico que define a obrigação de uma pessoa em reparar os danos ou prejuízos causados a outra pessoa, seja por sua própria ação ou pela ação de outras pessoas ou coisas sob sua dependência. Trata-se, portanto, de uma importante área do Direito que visa proteger os direitos das pessoas e assegurar a justa reparação dos danos causados (Rodrigues, 2007).

> AÇÃO CIVIL PÚBLICA. RACISMO. DANO MORAL COLETIVO. Ofende a coletividade a prática pela empregadora de atos de racismo no ambiente de trabalho, cabendo a reparação do dano moral coletivo (TRT-4 – ROT: 00203461620215040772, Relator: EDSON PECIS LERRER, Data de Julgamento: 28/06/2023, 1ª Turma).

A partir desses dados e diálogos, o produto gerado (petição) foi elaborado de forma objetiva, descrevendo os fatos ocorridos e apresentando a fundamentação jurídica necessária. Após a revisão e aprimoramento da petição, o protocolo da Ação Civil Pública por Dano Moral Coletivo em face de Wladimir Costa foi realizado em janeiro de 2025, em favor dos povos e comunidades tradicionais de matriz africana de terreiro da zona metropolitana de Belém, representados pela Associação dos Filhos e Amigos do Ile Iya Omi Ase Ofa Kare (AFAIA) e o Instituto Nangetu de Tradições Afrobrasileiras. O protocolo da petição[13], ocorreu no dia 21 de janeiro de 2025, justamente no "Dia Nacional[14] de Combate a Intolerância Religiosa", instituída pela Lei n. 11.635/2007, logo após a publicação do acórdão da Apelação Criminal (417) 0810265-90-2021.8.14.0401[15], que negou o Recurso do Wladimir Costa.

---

13 ACC 0803908-64.2025.8.14.0301.

14 A data refere-se ao falecimento da ialorixá Gildásia dos Santos, conhecida como Mãe Gilda, fundadora do terreiro de candomblé Ilê Axé Abassá de Ogum, localizado em Salvador. Ela perdeu a vida em 21 de janeiro de 2000, vítima de agressões e ataques motivados por preconceito contra sua religião de matriz africana.

15

O primeiro capítulo é focado em construir uma reflexão crítica sobre as experiências pessoais do autor, que servem como uma representação maior das vozes historicamente silenciadas na sociedade brasileira. Apresenta-se um autorrelato dividido em subtópicos que contextualiza sua trajetória de vida, ressaltando a interconexão entre passado, presente e futuro, e suas lutas por justiça e reconhecimento da identidade afro-brasileira.

Discute-se como as narrativas de pessoas negras muitas vezes são invisibilizadas e silenciadas em um sistema que perpetua desigualdades. Ao compartilhar sua experiência como homem negro, advogado e babalorixá na Tradição do Candomblé de Ketu, o autor busca iniciar um diálogo sobre os desafios enfrentados e as aprendizagens adquiridas ao longo de sua vida. Essa narrativa pessoal é, portanto, um reflexo de uma luta coletiva contra o racismo, evidenciando a importância do reconhecimento e valorização das identidades negras na sociedade. O capítulo enfatiza a ideia de que as experiências individuais são representativas de uma luta maior, destacando o papel ativo e protagonista dessas narrativas na construção da história e na busca por respeito e dignidade.

No capítulo 2, aborda-se a relevância do Ebó, um conceito fundamental nas práticas religiosas afro-brasileiras, destacando sua função como ato de oferecimento e transformação. O capítulo é enriquecido por diversas perspectivas de autores como Santos (2012), Rufino (2019), Nascimento (2019), Luz (2020) e São Bernardo (2022), entre outros. A discussão inicial concentra-se na relação entre Ebó e Èsù, ressaltando-os como rituais que promovem a reparação e a harmonia nas culturas afro-brasileiras. Compartilham-se experiências pessoais, as quais demonstram a eficácia do Ebó na cura e na integração social, enfatizando a importância de respeitar e compreender essas tradições em um contexto de preconceito.

Para mais, o texto destaca a conexão entre ancestralidade e práticas religiosas, onde os ancestrais são vistos como guias essenciais na vida cotidiana das comunidades. As oferendas são apresentadas como um sinal de respeito e fé que preserva os ensinamentos ancestrais. O capítulo também critica abordagens reducionistas que classificam religiões africanas sob termos como animismo e fetichismo, propondo uma visão mais complexa que reconhece a rica diversidade de crenças, cosmologias e mitologias dessas tradições. A inter-relação entre os mundos material (Aiye) e espiritual (Orun) é discutida, sendo rituais de oferenda cruciais para a comunicação entre esses planos.

Em síntese, explora como a epistemologia das culturas afro-brasileiras pode ser integrada ao contexto jurídico, desafiando as estruturas dominantes e propondo uma visão inclusiva que respeite a diversidade cultural. Argumenta-se que a inclusão do conhecimento dos terreiros no sistema jurídico brasileiro pode facilitar uma justiça social mais holística. Ao promover a reparação e o respeito pela pluralidade religiosa, o capítulo conclui ressaltando a importância das oferendas nas religiões de matriz africana como um aspecto cultural, espiritual e social que deve ser valorizado, tanto dentro quanto fora do sistema jurídico.

O capítulo 3 analisa a interseção entre racismo religioso e discriminação, utilizando o caso emblemático de Wladimir Costa como um ponto de partida para discutir as manifestações desse fenômeno no Brasil. O racismo, enraizado na história colonial e escravocrata do país, revela-se por meio de estruturas sociais que perpetuam hierarquias e práticas de opressão, evidenciando a dificuldade em respeitar e aceitar as diversidades culturais e religiosas, especialmente as vinculadas às tradições afro-brasileiras. O exame do Caso "Wlad" expõe como figuras públicas podem incitar o ódio, ressaltando a necessidade de uma postura crítica e ativa frente a discursos que promovam o racismo, a misoginia, a xenofobia e outras formas de opressões correlatas.

A resposta institucional ao caso, com a atuação do Ministério Público e a aplicação da Lei de Discriminação Religiosa, evidencia o papel do Estado na proteção da diversidade religiosa. No entanto a persistência de crimes de ódio e a marginalização das religiões afro-brasileiras revelam que a luta contra o racismo religioso é um desafio contínuo. A sistemática desvalorização das práticas religiosas afro-brasileiras traz à tona a urgência de legislações eficazes e de um compromisso social para combater as heranças coloniais que sustentam estigmas e discriminações.

Afinal, a resistência dos Povos e Comunidades Tradicionais de Matrizes Africanas e de Terreiro em Belém, especialmente em iniciativas como o Plano Estadual de Combate ao Racismo Religioso no Pará, destaca-se como um exemplo de mobilização social em defesa dos direitos e da dignidade das tradições culturais. O caso de Wladimir Costa, longe de ser uma ocorrência isolada, serve como um catalisador para reflexões mais amplas sobre equidade e justiça social, reforçando a importância de promover a diversidade religiosa como um valor fundamental para uma sociedade que acolha e valorize a diversidade da experiência humana.

No capítulo 4, é apresentada uma análise da noção de dano moral no contexto do racismo religioso, com o objetivo de desenvolver um produto legal que possa ser utilizado em ações de reparação para casos de discriminação religiosa. Por meio de uma revisão detalhada da literatura, incluindo as contribuições de Tartuce (2023), Bittar (2015) e Rodrigues (2007), discute-se a importância da reparação destinada às populações afro-religiosas, enfatizando que o conceito de "ètùtù" não se limita à indenização, mas abrange expiação e justiça social, refletindo a interseção entre cultura africana e direitos humanos.

A pesquisa explora a responsabilidade civil em relação ao racismo religioso, conforme delineada na Constituição de 1988 e nas diretrizes da Convenção Interamericana contra o Racismo. O Estado e os indivíduos devem compartilhar essa responsabilidade, com políticas públicas eficazes que combatam a discriminação e promovam a dignidade da pessoa humana. A proposta de danos punitivos é analisada como uma possível solução para não apenas compensar as vítimas, mas também desestimular futuras violências e discriminações.

Ademais, o capítulo destaca a luta contra o racismo religioso e a necessidade de reconhecimento e proteção das tradições afro-religiosas no Brasil. A reparação deve ser entendida não apenas como um ato de compensação, mas como uma ação educativa que busca transformar relações sociais historicamente marcadas pela intolerância. Ao integrar conceitos como "Ebó" no sistema de justiça, esta obra sugere um modelo restaurativo que respeite as diversidades culturais, contribuindo para a inclusão das comunidades afro-brasileiras e promovendo a construção de uma sociedade mais equânime.

Outrossim, a matéria destaca as vozes de lideranças afro-religiosas da Região Metropolitana de Belém, que discutem temas como racismo e desigualdade, e ressaltam a importância de mobilização comunitária para garantir igualdade de direitos. A falta de preparo nas instituições públicas para lidar com denúncias de racismo e a urgência de reformulações nas políticas de segurança pública e educação também são abordadas. A formação continuada das lideranças é necessária para fortalecer a cidadania e combater a discriminação religiosa, enquanto a busca por reparação e reconhecimento das tradições afro-brasileiras é essencial para respeitar a diversidade cultural e a liberdade religiosa, diante das injustiças enfrentadas por essas comunidades.

A proposta de intervenção apresentada enfoca a responsabilização por atos de racismo religioso, especificamente direcionados a praticantes de religiões de matriz africana, com o objetivo de garantir a reparação de danos morais coletivos e promover a conscientização sobre a importância de combater essa forma de discriminação. Fundamentada nos artigos 186, 187 e 927 do Código Civil Brasileiro (CCB), a proposta reconhece que a violação de direitos, tanto individuais quanto coletivos, enseja a obrigação de indenização. O conceito de dano moral coletivo, conforme delineado por Macedo Júnior e Bittar, é abordado, defendendo a necessidade de uma ação coletiva que busque igualdade e proteção dos mais vulneráveis diante das desigualdades sociais.

A ação civil pública protocolada em janeiro de 2025 tem como base uma atitude racista em que o ex-deputado Wladimir Afonso da Costa Rabelo postou um vídeo nas redes sociais, ridicularizando as práticas religiosas de matriz africana – vídeo esse amplamente difundido nas redes. A petição formaliza a acusação de racismo religioso e busca responsabilizar o réu não apenas pela ofensa direta à dignidade de um grupo religioso, mas também pela violação de valores fundamentais da honra e da dignidade. A proposta de intervenção sugere um conjunto de ações, incluindo a promoção de campanhas de conscientização, formação de redes de apoio e capacitação de agentes públicos, para enfrentar a discriminação e garantir a proteção dos direitos humanos no âmbito religioso.

Esse modelo de Ação Civil Pública com Pedido de Danos Morais por ilícito religioso será disponibilizado no site da Associação dos Filhos e Amigos do Iyá Ilê Omi Asè Ofá Kare (AFAIA) e em outras redes de apoio, para que os Povos e Comunidades Tradicionais de Terreiro e de Matrizes Africanas possam utilizá-lo como base para provocar o sistema judiciário nos casos de racismo religioso.

Por fim, a proposta enfatiza a necessidade de ressarcimento adequado pela ofensa, sugerindo um valor como forma de compensação que não apenas desestimule futuras condutas discriminatórias, mas também sirva de alerta à sociedade sobre a gravidade de atos de racismo e intolerância religiosa. A busca por uma sociedade mais justa, onde a liberdade religiosa seja respeitada e valorizada, é o objetivo maior da intervenção, necessitando de um comprometimento abrangente da sociedade civil e do Estado em ações efetivas e coletivas.

2

ÒNÍ BÀBÁ ÒLA: VIVÊNCIAS DE RESISTÊNCIA E LUTA NA NARRATIVA DE UM AFRO-BRASILEIRO EM BUSCA DE IDENTIDADE, JUSTIÇA E TRANSFORMAÇÃO

O ensinamento tradicional deve estar unido à experiencia e integrado à vida, até porque há coisas que não podem ser explicadas, apenas experimentadas e vividas.

(Lopes, 2024, p. 31).

O provérbio africano "Òní Bàbá Òla" significa que o hoje é o pai do amanhã e reflete profundamente minha forma de viver e estar no mundo. Ele faz refletir sobre as relações entre minhas ações presentes e suas consequências futuras. Por isso, a escolha para a titulação do capítulo, no intuito de demonstrar a essencialidade dele e como esse conceito é fundamental para discussões sobre ética, responsabilidade social e compromisso com o futuro em várias áreas de estudo.

Assim, esta seção estabelece as bases para uma reflexão crítica e abrangente sobre minhas experiências e como essas se coadunam com o problema aqui proposto. As vivências, embora pessoais, refletem um contexto mais amplo, que é coletivo e representativo para as vozes silenciadas ao longo da história. Será assim apresentado um autorrelato em subtópicos, narrando histórias do meu percurso, como forma de justificar meu pertencimento e envolvimento com a pesquisa.

As trajetórias de vida negras sempre foram silenciadas e invisibilizadas pela sociedade brasileira, onde "a desigualdade é parte construtiva da nossa história" (Theodoro, 2022, p. 17). Refletir sobre a minha caminhada pessoal e minhas experiências de vida, além de destacar a interconexão entre passado, presente e futuro, enfatiza as lutas sociais e minha busca por justiça e reconhecimento da identidade afro-brasileira. Por meio dessa reflexão, busco mostrar como esses elementos moldam quem sou e a importância de reivindicar espaço e voz na sociedade.

A experiência de ser negro e pensar como pessoa negra no Brasil é, para mim, um percurso repleto de desafios e aprendizagens, atravessado por uma história de luta e resistência. Desde muito cedo, percebi como as narrativas que cercam a minha trajetória muitas vezes são silenciadas e invisibilizadas, como se não tivessem valor nas narrativas dominantes de nossa sociedade. Essa invisibilidade é, em grande parte, resultado de um sistema que perpetua desigualdades extremas.

Ao compartilhar meu percurso de vida como homem negro, advogado e babalorixá da Tradição do Candomblé de Ketu, inicio um diálogo essencial sobre as experiências que moldaram não apenas a minha vida, mas também a vida de muitos negros e negras no Brasil. O relato sobre os processos de enfrentamento ao racismo, com suas nuances de dor e resistência, não é apenas uma narrativa pessoal, mas um reflexo de uma luta coletiva que transcende gerações. Neste contexto, compreendo que somos "sujeitos da história", o que denota solidez diante da violência do racismo e protagonismo na busca por reconhecimento e valorização. Nesse viés, Santos (2021, p. 46) afirma que:

> Saber-se ser negra é viver a experiencia de ter sido massacrada sem sua identidade, confundida em suas perspectivas, submetida a exigências, compelidas a expectativas alienadas. Mas é também, e sobretudo, a experiencia de comprometer-se a resgatar sua história e recriar-se em suas potencialidades.

Essas experiências diárias de exclusão, discriminação e humilhação me impulsionaram a buscar estratégias de enfrentamento. A decisão de me especializar no campo do Direito surgiu como uma necessidade de fortalecer outras narrativas que legitimam nossa dignidade e direitos. As raízes do racismo e da opressão estão profundamente entranhadas em nossa realidade, e levar a voz da ancestralidade e da cosmovisão africana para o debate jurídico é um passo crucial na construção de um futuro em que possamos afirmar a riqueza de nossa cultura e identidade.

"Toda pesquisa social se baseia na capacidade humana de observação participante. Agimos no mundo social e, no entanto, somos capazes de refletir sobre nós mesmos e sobre as nossas ações como objetos deste mundo" (Martyn, 2022, p. 47). A observação participante realmente é uma ferramenta fundamental nas pesquisas sociais, pois permite que os pesquisadores se imerjam no contexto que estão estudando, vivenciando as interações e as dinâmicas sociais de um modo mais próximo e autêntico. Essa abordagem possibilita uma compreensão mais profunda dos comportamentos, significados e contextos que moldam as experiências das pessoas.

A relevância deste relato reside na sua capacidade de trazer à luz a precariedade da pesquisa e do discurso sobre o racismo religioso, que afeta as comunidades de matriz africana. Ao abordar essa falta de estudos, proponho uma reflexão importante sobre a necessidade de criarmos nossos próprios discursos, elaborados por nós e para nós, a partir de uma perspectiva que valorize a nossa história e experiências. Com isso, busco não apenas relatar uma realidade, mas também contribuir para um entendimento mais amplo da luta contra o racismo e suas consequências para o nosso cotidiano.

São Bernardo (2022) compreende que os conceitos de África, africano, afro-brasileiro e africanidades constroem uma base epistemológica que possibilita ver o mundo a partir dessas realidades identitárias numa perspectiva global, reconhecendo que as questões de África e da diáspora são, de fato, problemas que afetam o mundo todo. Nesse sentido, percebo a necessidade de que eu entre e saia das grandes narrativas do conhecimento dominantes do meu tempo, para que possa moldar meu pensamento e minhas ações de acordo com as necessidades históricas que enfrento, em busca de verdades que realmente legitimem meu saber em contextos específicos.

A capacidade de refletir sobre nós mesmos e sobre nosso papel nas interações sociais também ajuda a evitar vieses e a melhor interpretar as realidades estudadas. Além disso, esse processo de "dupla consciência" – ser tanto sujeito quanto objeto nesta obra – enriquece a análise e pode levar a descobertas significativas sobre as dinâmicas sociais em que estamos envolvidos. A conscientização crítica sobre nossas próprias experiências e contextos nos ajuda a construir um conhecimento mais robusto e reflexivo (Martyn, 2022).

Dessa forma, minha narrativa torna-se não apenas uma experiência pessoal, mas um importante campo de reflexão que busca questionar e transformar a percepção que a sociedade tem sobre nós. Ao elucidar o impacto do racismo em nossa identidade e resistência, espero inspirar um protagonismo que transcenda as barreiras do passado e construa um futuro que respeite e valorize a rica tapeçaria cultural afro-brasileira.

Neste ínterim, a reflexão traz à tona a complexidade do tempo e da forma como ele é percebido. Retornar ao passado, ressignificar o presente e construir um futuro são, de fato, processos entrelaçados que acontecem de maneira dinâmica. Ao entendermos que essas etapas não são lineares, mas sim interdependentes, começamos a perceber como nossas experiências passadas moldam nossas ações no presente e, por conseguinte, influenciam nossas expectativas e planos para o futuro.

Esse ciclo contínuo nos convida a estar plenamente presentes, a conscientizar-nos das lições por nós aprendidas e das oportunidades apresentadas. A cada instante, temos a chance de integrar esses elementos, reconhecendo que o "eterno agora" é onde realmente acontece a transformação. Assim, somos chamados a abraçar nossa história, a vivenciar cada momento e a nos preparar para o que virá, todos dentro de um mesmo fluxo de tempo que nos conecta e transforma.

Essa abordagem pode ser especialmente poderosa em contextos de autoconhecimento, terapia e desenvolvimento pessoal, ajudando a liberar padrões, cultivar a presença e criar um futuro que ressoe com a nossa essência. Ao analisar a narrativa apresentada, pode-se observar que a proposição sugere uma relação dinâmica e interdependente entre o passado, o presente e o futuro. Nesse contexto, o uso da terceira pessoa permite uma observação mais objetiva e ampla das implicações desse pensamento.

A afirmação indica que o retorno ao passado não é apenas um processo de resgate de memórias, mas também uma oportunidade de reconfigurar a compreensão do presente. Essa ressignificação implica que as experiências passadas influenciam continuamente a forma como os indivíduos percebem e vivem o momento atual. Além disso, a narrativa apresenta a ideia de que a construção do futuro não é um ato isolado, mas sim uma continuação desse ciclo, onde as ações e decisões tomadas no presente são moldadas tanto pela herança do passado quanto pelas aspirações futuras. Essa simultaneidade sugere que o tempo não é linear, mas um fluxo contínuo no qual as ações são interligadas.

A perspectiva de que essas etapas são ações "naturais e simultâneas" enfatiza a noção de que os seres humanos estão sempre navegando por esse ciclo do "eterno agora". Assim, a escolha de palavras como "ciclo" e "infinito" implica um movimento incessante, reforçando a ideia de que a vida é uma série de interações constantes entre diferentes temporalidades. Essa visão holística convida o leitor a refletir sobre a importância da consciência na vivência do presente e na construção do futuro, ressaltando a relevância das experiências passadas na formação da identidade e no direcionamento das escolhas futuras.

Portanto, retornar ao passado, ressignificar o presente e construir um futuro deixam de ser etapas lineares e conscientes e se posicionam como ações naturais e simultâneas que ocorrem no ciclo infinito do eterno agora. Entende-se que essas experiências se entrelaçam, permitindo um contínuo aprendizado e adaptação ao longo do tempo.

2.1 NASCIMENTO E PRIMEIRAS DESCOBERTAS

O ano era 1958, marco significativo na história brasileira. Enquanto a seleção conquistava sua primeira Copa do Mundo na Suécia, eu nascia na cidade de Castro Alves, no recôncavo baiano, no dia 30 de junho. Filho de Edileuza Silva Barbosa, enfermeira, e Cezar Barbosa, sapateiro. Cresci em uma família humilde que enfrentava os desafios da vida, mas que, mesmo assim, proporcionou-me uma infância feliz.

Nasci em um ambiente em que a branquitude é vista como padrão, onde os privilégios são frequentemente concedidos sem questionamento. Essa realidade me impulsiona a lutar contra a perpetuação dessa estrutura desigual, que muitas vezes tenta me silenciar. A cada passo dado, reconheço a importância de me insurgir contra as injustiças, não apenas por mim, mas por todos que foram e continuam sendo afetados por esse sistema opressor. Acredito que a luta pela dignidade deve ser um esforço coletivo, e é meu dever estar ao lado de todos que buscam mudança, independentemente da cor da pele. Vou lutar até o fim, porque a liberdade de um é a liberdade de todos.

Desde pequeno, sempre estive próximo da natureza e das artes. Minha avó, Cantionília, era uma mulher negra de olhar profundo e sábio. Com ela aprendi sobre as ervas, os chás e os remédios que o povo buscava para curar suas doenças e quebrantos. Em casa, Tia Fulô, uma mãe de santo que sempre fazia parte da nossa vida, era a referência quando os problemas espirituais se acumulavam. Lembro-me com carinho das visitas ao terreiro, onde eu apenas sentia o ambiente sagrado, mesmo sem entender completamente o poder daqueles rituais.

A mãe do meu pai se chamava Francisca, conhecida como a velha Chica, grande conselheira e mulher solo, que criou cinco filhos sozinha, já que meu avô morreu muito jovem, deixando as crianças pequenas. Essas pretas tinham uma relação de pertencimento comigo muito diferente da que tinham com meus outros irmãos. Aprendi a ser o que sou com as minhas avós; elas me ensinaram a andar pelos trilhos que a vida permite para chegar. Eu sempre as observei e meu respeito por elas não era uma obrigação, era um prazer. Quando estava perto delas, tinha uma sensação de segurança e proteção.

Os seus olhares sempre me diziam o que fazer sem muito falar. Aliás, desde criança sempre gostei de estar perto de pessoas mais velhas. Dentro desses corpos existem moradas de experiências e vivências que chamam meu corpo para perto. Inclusive, o meu nome artístico de Catende tem tudo a ver com a vó Cantionília, mãe da minha mãe, que conhecia o poder das folhas como ninguém. Fazia remédios caseiros, como chás e beberagens, para tudo que se pode imaginar nessa vida. Catendê é uma divindade de matriz Bantu, ligada às insabas[16].

---

[16] São folhas sagradas e litúrgicas. Catendê é uma divindade que transforma folhas em remédio, equivalente ao Orixá Ossanhe.

Certa vez, guardo na minha memória afetiva, a lembrança de quando eu era um menino em constante movimento. Lembro-me de estar jogando bola com meus irmão e amigos no fundo da casa da minha avó, quando fui atropelado por um cavalo, no campo. O cavaleiro tentou desviar de mim e eu com medo fui para o mesmo lado. O cavalo pisou no meu pé esquerdo e fiquei mais de um ano andando com um pé só. Mesmo assim não parava e lembro que minha avó falava: "esse menino parece o Catende!"[17] e alguns colegas ouviram e passaram a me chamar de Catende e como eu não gostava do apelido "ia logo pra cima".

As batidas dos tambores das festas de Mãe Alabá sempre ecoaram nos meus ouvidos. Minha mãe frequentemente nos levava a essas celebrações, e eu me sentia verdadeiramente em casa no calor dos terreiros. Naquela época, o culto às energias ancestrais era realizado às escondidas, como se fosse um crime, e a polícia muitas vezes perseguia aqueles que praticavam o axé. Só compreendi a importância e a sacralidade desses lugares depois dos meus 13 anos, quando pude me conectar às experiências e aos ensinamentos que me cercavam.

"Não nasci com uma consciência negra. Duvido muito que alguém possa ter nascido com uma. Isso vale para uma consciência parda, indígena, branca, amarela ou para qualquer outro tipo de consciência racializada" (Gordon, 2023, p. 9). Desde o momento em que compreendi minha história e meu lugar no mundo, percebi que a minha identidade negra não é apenas um dado biológico ou uma questão de cor de pele; é algo construído, reformulado e fortalecido a partir das minhas experiências e das minhas referências afetivas.

A construção da consciência racial não é um processo fácil para nós, negros e negras do Brasil, que temos de

---

[17] Catendê é um inkice (Divindade) da Nação Angola. Nas lendas folclóricas brasileira é assimilado como o saci-pererê.

> [...] enfrentar uma teia emaranhada de sutilezas domesticadoras que principia na já citada obliteração de sua memória; depois vem a violação miscigenadora, o estupro aculturativo, a imposição sincrético-religiosa (Nascimento, 2019, p. 112).

Refletir sobre a consciência racial no Brasil implica reconhecer essas múltiplas camadas de opressão e resistência, entendendo o passado para construir um futuro possível que seja justo e igualitário.

Esse artifício envolve não apenas um esforço individual, mas também uma mobilização coletiva para que a sociedade como um todo possa confrontar os legados do racismo e da desigualdade. É muito doloroso, mas, ao mesmo tempo, uma luta incessante para reivindicar meu lugar, minha história e minha verdade. Cada relato, cada experiência vivida, tornou-se parte fundamental dessa construção da minha consciência racial. A resistência é um ato de amor por mim e pela minha comunidade. É nesse espaço de luta que reafirmo minha identidade e meu valor como negro.

Crescendo no recôncavo baiano, desde pequeno me deparei com a desigualdade que nos cercava. Um menino preto que precisava se entender como preto, pois na escola aprendi que era descendente de escravizados. "No Brasil, é comum ouvirmos que 'somos mestiços' ou que 'somos todos humanos'" (França; Portela, 2023, p. 45), mas essa não é a nossa lógica, pois o racismo é uma realidade impossível de ser ignorada e deve ser abordado de forma interdisciplinar, considerando suas várias manifestações e impactos na sociedade.

A realidade em que vivi, marcada por negação e exclusão, impulsionou-me a buscar uma compreensão mais profunda das injustiças sociais e raciais que permeiam nossas vidas. Nesse sentido, coaduno com a professora Ana Flauzina, na apresentação do livro de Amanda Quaresma (2024, p. 14):

> O que fica cada vez mais evidente é que cabe às pessoas negras a tarefa não só de chorar seus mortos, mas também a de contar suas histórias e denunciar as práticas que determinam a precariedade de sua existência.

Ao reconhecer essa estrutura opressora, coloquei como objetivos principais estudar, conhecer e mergulhar nessa pretitude. Os livros de Abdias do Nascimento e Carlos Moura foram imprescindíveis nessas descobertas. Como diz Nego Bispo (2023, p. 15): “um rio não deixa de ser um rio porque conflui com outro rio; ao contrário, ele passa a ser ele mesmo e outros rios, ele se fortalece”. Assim, aprendi a navegar com as minhas próprias pernas, sustentadas pelas ancestralidades que nutrem o meu corpo negro.

E essa busca não se trata de um discurso competente, o qual, segundo Marilena Chaui (2014), é caracterizado pela autoria de especialistas posicionados dentro de uma hierarquia organizacional, destacando que apenas certas vozes têm legitimidade para se manifestar em contextos determinados. Este discurso opera em duas tensões: a primeira afirma que a organização é a agente racional e histórica, desconsiderando indivíduos e classes sociais como sujeitos ativos; a segunda tenta revalidar esses indivíduos, mas o faz a partir de uma perspectiva privatizada, focando nas relações pessoais e individuais.

> Vemos então que as vantagens e desvantagens que as pessoas possuem em relação às outras devem ser levadas em consideração quando as comparamos; a desconsideração da diversidade humana contribui para o aumento das desigualdades (Moreira, 2023, p. 181).

Por conseguinte, essas experiências não são apenas resultado de ações individuais, mas estão enraizadas em sistemas sociais, políticos e econômicos, perpetuadores de estereótipos, marginalização e exclusão. Assim, o racismo institucionalizado e estrutural se manifesta em diversas áreas, como acesso à educação, saúde, empregabilidade e justiça, gerando disparidades significativas entre grupos raciais.

Sempre estive ligado às artes, especialmente influenciado pelo Teatro Experimental do Negro (TEN), que moldou minhas construções poéticas e teatrais. O TEN lutou "a favor da história negra, a favor da cultura negra, a favor de todos os valores positivos que a cultura africana trouxe para o Brasil" (Semog; Nascimento, 2006, p. 123). Nesse contexto, escrevi minha primeira poesia, Mãe África, que integrou a peça Face Negra Face, na qual interpretei o personagem Gibocy em 1985, no Teatro Waldemar Henrique, em Belém do Pará. Tudo que escrevi e produzi no universo das artes traz essa marca de orgulho e da beleza de ser negro, apesar de toda a negação.

Foi então que o Orixá me chamou, e eu atendi ao chamado, entrando no terreiro como abiyán por dois anos. Essa etapa é fundamental para quem deseja ingressar no Candomblé, pois permite que as pessoas se familiarizem com a nova família e compreendam o funcionamento da casa de Candomblé. Durante esse período, é possível observar e entender os relacionamentos interpessoais que existem dentro da comunidade (Maurício, 2009). Fui iniciado como Ìyàwó[18], em 1987, na Bahia, e segundo Maurício (2009, p. 71):

> Iniciar-se no Candomblé é renascer para um novo mundo como uma pessoa mais segura e mais forte, religiosa e psicologicamente. Ressurgindo com plenas condições de buscar melhores momentos e amplas realizações. É ligar a sua vida física, no aiê, com a vida sagrada no orum, surgindo assim uma nova aliança, uma nova união.

Existem experiências e sentimentos que, por mais que eu tente descrever, vão além da capacidade das palavras. Um desses

[18] É estar ligado a uma força superior e procurar-se sempre está conectado a ela.

momentos é a minha feitura no Candomblé de Ketu, um dos marcos mais significativos da minha vida, no qual renasce em mim um novo ser e novas perspectivas. Ser Iyô não é apenas um título, mas uma vivência profundamente transformadora, um chamado que ressoa nas profundezas do meu interior. Desde o instante em que fui iniciado, percebo que meu ser se alinha com os orixás e com toda a força ancestral que permeia as tradições de matriz africana de Terreiro.

Essa conexão íntima me proporciona uma compreensão mais intensa de quem sou e do meu papel dentro da comunidade. Cada passo nessa jornada é um convite ao aprendizado, numa dinâmica constante, onde cada ensinamento recebido se revela como uma nova perspectiva do mundo do ser e do estar. Os rituais, as danças, as cantigas e as narrativas dos mais velhos não são apenas manifestações culturais; são ações indispensáveis para a manutenção permanente de nossas tradições e para o enfrentamento do racismo religioso que nos oprime.

Cada elemento dessa vivência reaviva a memória coletiva de nossos antepassados, fazendo-nos retornar ao essencial e oferecendo uma oportunidade de renascimento (Maurício, 2009). Por meio dessas práticas, compreendo o quão entrelaçados estamos em uma vasta teia de amor, respeito e sabedoria que nos une, fortalecendo nossa identidade e resistência diante da adversidade. Assim, reafirmamos nosso compromisso com a valorização de nossas raízes e a luta contra a discriminação, garantindo que nossas tradições persistam e floresçam.

"Para que o Iaô aprenda é necessário que ele veja e participe mais intensamente da vida da casa de Candomblé" (Maurício, 2009, p. 75). Eu participei assiduamente no terreiro e na cidade. No terreiro, sempre tive um senso de responsabilidade, não apenas para comigo, mas em relação a todos que me cercam. Ao cuidar dos recém-iniciados, reencontro a essência da generosidade e o valor de compartilhar conhecimento. Esse ato de transmitir saber é um presente que me permite celebrar a continuidade da nossa cultura, honrando aqueles que vieram antes de nós e mantêm viva a chama de nossas tradições.

Eu sou filho de Oxóssi[19], o grande senhor da caça e dos caçadores. Nas sociedades africanas os caçadores possuem um papel preponderante. São essenciais para a segurança alimentar, garantindo a disponibilidade de alimentos por meio da caça. Além disso, seu conhecimento profundo das plantas medicinais, adquirido ao longo do tempo em ambientes de florestas, é fundamental para a saúde das pessoas. Eles também ajudam a identificar áreas apropriadas para cultivo, contribuindo para o desenvolvimento de novas roças e a expansão das cidades. Desta forma, sua influência abrange aspectos sociais, econômicos e culturais das comunidades (Luz, 2020).

Hoje, como babalorixá, sinto-me profundamente privilegiado pela escolha desta função sagrada, determinada por Olorum. A responsabilidade sobre a vida religiosa de todos que frequentam o Terreiro é uma honra que abraço com dedicação e respeito. Esta posição hierárquica requer não apenas doutrina, bom discernimento e um comportamento exemplar, mas também, muita perseverança e ponderação (Maurício, 2009).

Ao lidar diariamente com um universo de desafios e situações que estão sob minha responsabilidade, vejo a importância de preparar outras pessoas para que possam dar continuidade ao axé. Além disso, reafirmo meu compromisso nas ações de enfrentamento ao racismo religioso e a todas as formas de opressão que negam nossas humanidades, seja por parte do estado ou da sociedade em geral. Juntos, continuaremos a luta por nosso espaço e reconhecimento.

Toda vez que a dignidade e a liberdade do homem estão em questão, eu me sinto convocado. Essa afirmação ressoa profundamente em mim, pois a luta por justiça e igualdade é uma parte

---

19 Divindade dos caçadores. O emblema característico da simbologia do culto a Oxóssi e que o representa é o ofá, o arco e flexa. O poder do ofá é que ele possui infalibilidade.

intrínseca da minha identidade. Meu corpo negro carrega a história de uma resistência que começou muito antes de eu nascer Desde que pude entender o mundo ao meu redor, percebi como os mecanismos do racismo moldam nossas experiências e nos marginalizam.

2.2 VIVÊNCIAS E NOVAS SABERES NO CAMPO DE RELIGIOSIDADE

Em 1967, mudamo-nos para Salvador, e novas experiências e aventuras vieram junto. Desde cedo, tenho espírito empreendedor e desprendido. Para ajudar no orçamento familiar, comecei a vender toalhas que comprava de uma vizinha. Não contente, formei grupos de vendedores para que meus amigos do bairro também pudessem ganhar dinheiro. Durante meu tempo livre, lavava carros, carregava sacolas de compras e oferecia reforço escolar para as crianças da comunidade, não apenas por necessidade, mas pela vontade de contribuir.

Minha infância foi marcada por uma rica mistura de culturas, pois minha família seguia cultos afro-religiosos e católicos. Minha mãe passou por um processo de cura dentro do Candomblé, mas, com o tempo, converteu-se à Igreja Batista, nos levando junto. Como adolescente, questionei os dogmas da igreja e busquei entender minha identidade afro-religiosa, um período que foi fundamental para o despertar da minha militância social, especialmente durante os movimentos estudantis e culturais dos anos 70.

Fato curioso sobre a nossa mudança de cidade é que foi por exigência de "maínha", que sempre teve uma visão futurista e sonhava que todos os seus filhos pudessem estudar. Ela, sendo evangélica e frequentadora da Igreja Batista Filadélfia, logo nos matriculou no Instituto Izidra Barreto, onde concluí o ensino fundamental e participei ativamente das ações da igreja, expressando minhas veias artísticas, que considero uma grande dádiva de Olorum.[20]

Eu cantava tanto em solos quanto no coral, interpretava peças teatrais, recitava poesias e discutia versículos bíblicos. Cheguei a ler a Bíblia duas vezes. Fui professor da Escola Dominical e participei da escola de treinamento. No entanto, um grande vazio sempre me acompanhou. Sentia que aquele não era o meu lugar, e isso me incomodava profundamente.

Olhares discriminatórios direcionados aos negros e às pessoas mais carentes nunca eram passados despercebidos por mim, o que intensificava meu desconforto. Seguindo meus estudos, ingressei no curso ginasial no Centro Integrado de Educação Anísio Teixeira, localizado na Ladeira do Paiva, no bairro da Caixa d'Água. Foi ali que me apaixonei pela Matemática; inclusive, comecei a dar aulas particulares e a formar uma pequena banca de reforço para amigos e para a comunidade ao redor. Tive a sorte de ter contato com as técnicas de teatro por meio da professora e grande atriz Jurema Pena, experiência maravilhosa.

Eu sou um admirador do Ilê Aiyê, um dos mais significativos blocos afro do Brasil; suas batidas de tambor ecoam profundamente em meu ser. Mas isso era algo complicado. Minha mãe, uma mulher evangélica fervorosa, não aceitava que eu mergulhasse no "mundo profundo" da cultura afro-brasileira que me atraía com tanta força. Lembro-me de muitas noites em que saí escondido de casa, os sons vibrantes dos tambores sendo um chamado irresistível que fazia minha alma pulsar no ritmo do axé.

O Ilê Aiyê foi fundado em 1974 por Mãe Hilda Jitolu, seu filho e Apolônio, e logo se transformou em um símbolo de resistência e autoestima para a população negra. O primeiro desfile, no carnaval de 1975, foi uma manifestação poderosa para celebrar a identidade negra, mesmo que a sociedade da época não estivesse pronta para ouvi-la.

20 É o grande ser supremo dos povos yorubas (povos originários da África Ocidental).

O Ilê Aiyê não foi apenas um bloco; foi a manifestação de um povo e de sua história, e, mesmo que eu não pudesse me envolver abertamente, meu coração sempre teve um espaço reservado para essa celebração. Por meio do ritmo, da dança e da festa, o Ilê Aiyê se transformou em um símbolo de resistência que ainda ecoa em minha alma, enquanto eu, Edson Silva Barbosa, continuo a aprender a importância de valorizar e respeitar minhas raízes.

Inseri-me nas atividades culturais das escolas, fazendo o que eu realmente gostava. Participei de cursos de dança afro, escondendo isso da minha mãe. Envolvi-me também com capoeira e samba afoxé, aproveitando cada oportunidade para me expressar e explorar minha identidade. E assim, fui (des)construindo minha formação, repleta de artes e descobertas, em meio ao turbilhão de sentimentos que habitavam em meu coração. Foi somente aos 17 anos que um amigo, Bira, levou-me ao Terreiro de Pai Sinhozinho, no alto da Santa Tereza. Eu estava maravilhado com a energia daquele lugar, absorvendo cada som e cada movimento como se fossem partes de mim.

Ingressei também no Instituto de Educação, Ciência e Tecnologia da Bahia (IFBA). Tive esse período como um marco em minha formação: cursei Química e, posteriormente, iniciei a Licenciatura em Matemática na Universidade Católica da Bahia. Durante esse tempo, tive a oportunidade de lecionar em um curso pré-vestibular popular que organizei para alunos carentes do bairro da Caixa d'Água e áreas vizinhas. Por volta dos meus 19 anos, fui estagiar no Polo Petroquímico em Camaçari, e lá conheci um saudoso amigo chamado Nilton, de Maragogipe, que começou a me chamar de Catendê, sem motivo ou razão aparente. Terminei por gostar e adotar o nome, passando a me identificar como tal. Mas eu não sou de Catendê, vim descobrir depois. Sou filho de Oxóssi, o arqueiro de uma flecha só, o provedor, um dos Orixás de Ketu mais cultuados no Brasil.

Assim, dentro desse caminhar, estagiei na Polialden e fui contratado como químico. Trabalhei no Polo Petroquímico de Camaçari-BA por dois anos. Meu esforço rendeu frutos e fui aprovado em um concurso público da Petrobras. Especializei-me em Química de Petróleo. Essa nova fase me levou à Região Amazônica e a outros estados brasileiros, atuando no Nordeste, Sul e Sudeste do país, seguindo com minha trajetória profissional até 2014.

2.3 ESTUDOS, TRABALHOS E PERCEPÇÃO DA CORPOREIDADE COMO ELEMENTOS INSURGENTES

Em maio de 1981, ao chegar a Belém, fundei com amigos e familiares o "Residencial Pitubar", um hotel cultural que acolhia artistas locais e universitários dos Estados próximos que vinham para a capital para estudar. Este espaço se transformou em um palco importante para nossas expressões artísticas afro no campo da música, no teatro, na dança e nas performances. Em 1982, prestei vestibular na Universidade Federal do Pará (UFPA), onde conquistei uma vaga no curso de Engenharia Química.

A partir de 1977, a luta pela consciência negra no Brasil me envolveu em diversos grupos culturais e políticos. Participei de cursos de formação política, cursos de dança e expressões afro-brasileiras e, em 1984, fui eleito como coordenador cultural do Centro de Estudo e Defesa do Negro (CEDENPA). A luta contra as desigualdades étnico-raciais me motivou a escrever e propor a encenação do espetáculo "Face Negra Face" e a fazer parte da criação do Bloco Afro Axé Dudu, o primeiro bloco afro da região amazônica, que por diversos anos fazia a abertura do Carnaval de Belém do Pará.

A minha carreira artística como músico se consolidou com lançamentos de discos, como "Obaraxe, os caminhos da energia", e a criação da banda "Obara", que refletia o movimento reggae da época de Belém. Em 1992, lancei o CD "Lá vamos nós", que fez sucesso e permitiu a realização de uma turnê em São Paulo e em outras capitais do Brasil. Depois vieram *Reggae Luz, Patuwa*, o DVD "O Canto Negro do Pará", o Prêmio Nacional de Cultura Afro-brasileira, "Tambores de Fé", entre outros registros. São mais de trinta anos nos palcos brasileiros.

Minha trajetória nunca se distanciou da luta pelos direitos humanos e pela valorização da nossa cultura afro-brasileira. Em 1987, meu babalorixá, Paulinho de Oxóssi, inaugurou o Ilé Iya Omi Asé Ofá Karé, um Terreiro afro-religioso que se tornaria um espaço fundamental para a continuidade e resistência do Axé e o tratamento das questões da população negra. Nesse mesmo período, criamos a Associação dos Filhos e Amigos do Ilé Asé Iya Omi Ofá Karé (AFAIA), a qual desenvolve projetos vitalmente importantes para as populações tradicionais de matriz africana de Terreiro no Pará.

Em 1994, após receber autorização dos ancestrais para assumir a função de Babalorixá, eu, Edson Silva Barbosa, Dofono de Oxóssi, assumi a responsabilidade de dar continuidade ao Axé do Ilé Iya Omi Asé Ofá Karé. Durante o meu período de Iyaô, fui preparado para lidar com os procedimentos do Axé pelos meus Babalorixás Augusto César da Silva Lacerda de Logunedé[21], Egbomi Cidália de Iroko[22], Egbomi Marina de Ossanhe[23] e Paulo Roberto Pinheiro de Oxóssi. Recebi o meu Deka após dez anos de aprendizado. Essas autoridades foram vitais para minha vida hoje e sempre.

Embora tenha dedicado muito de mim à arte e à cultura, a luta contra o racismo e por justiça sempre foi priorizada em minha vida. Desde que tive experiências diretas com discriminação racial, percebi que minha militância precisava ser mais ativa

21 Orixá adolescente, originário da cidade de Ilésà, filho mítico do pai Erinle (Ode) e da mãe Ípondà (Òsun).

22 A própria árvore é considerada como Orixá originário do Daomé. Orixá fitomórfico.

23 Orixá das folhas, originário da cidade yoruba de Ìráwò. Grande conhecedor da medicina ancestral.

e consciente. Recorrendo ao Movimento Negro Unificado (MNU) e a outros grupos, compreendi a importância de tecer diálogos sobre as violências que a população negra enfrenta na sociedade.

Em 2003, após anos de luta e criação, decidi voltar à academia e ingressei no curso de Direito, graduando-me em 2009. Atualmente, como advogado, meu compromisso é com a defesa dos direitos humanos, posicionando-me como voz ativa em favor de populações vulneráveis.

Mesmo compreendendo que o sistema judiciário brasileiro sempre foi excludente, principalmente em se tratando das populações negras, joguei o meu corpo negro no Direito também para fortalecer a luta antirracista.

Como homem negro, sempre fui vítima do racismo: nas escolas onde estudei, nas empresas onde trabalhei e nos lugares onde morei. Nas faculdades onde estudei também senti, no âmago, o racismo de colegas e de professores, que sempre menosprezavam a nossa capacidade e inteligência. Como advogado, já sofri também racismo, em audiências e em outros modos de trabalho do sistema judiciário.

Ser um negro, advogado e um homem de axé não me livra do racismo e da opressão que imperam no Brasil e no mundo. Desde sempre, tenho consciência de que o Brasil, em sua essência, carrega um legado histórico de racismo que se manifesta em cada aspecto da vida cotidiana. A construção de um "não lugar" para nós, negros, reflete-se nas instituições e nas relações sociais, onde a discriminação parece enraizada em nossa cultura. Essa realidade não é apenas uma questão teórica para mim; ela é a minha vivência, a ferida que se abre em cada interação, em cada ambiente que frequento, quer seja na escola, no trabalho ou na comunidade.

No tempo presente, como advogados e defensores dos direitos humanos, colocamos nossos corpos negros em prol das populações vulnerabilizadas pelo sistema, como negros, negras, juventude e crianças. É mais do que necessário fazer incidência em todas as esferas, e acredito ser de suma importância assessorar o povo de Terreiro quando vai fazer um registro de ocorrência de racismo nas delegacias.

Por conseguinte, em 2022, tivemos a oportunidade de recepcionar a Relatora sobre os Direitos dos Afrodescendentes e contra a Discriminação Racial, Margarette May Macaulay, advogada jamaicana da Comissão Interamericana de Direitos Humanos (CIDH), que veio escutar os Povos e Comunidades Tradicionais de Matriz Africana de Terreiro (POTMAS) e os militantes do movimento negro paraense sobre o racismo que afeta essas populações. Essa vinda foi o resultado de denúncia junto à CIDH dos assassinatos de seis sacerdotes das tradições de matriz africana de Terreiro, ocorridos durante os anos de 2015 a 2017 no Pará.

Em agosto de 2023, participei, em Genebra, na sede da Organização das Nações Unidas (ONU), da Revisão Periódica Universal (RPU) do Brasil, onde propus novas recomendações sobre o racismo religioso no país. Em 2024, apresentei uma pesquisa sobre "Racismo Religioso nas Américas", durante a Terceira Sessão do Fórum Permanente de Afrodescendentes da ONU (UN PFPAD). Tenho me engajado em diversas instâncias para tentar, pelo menos, mitigar o racismo religioso que afeta as populações POTMAS do Estado do Pará.

Sou membro do Comitê POTMAS do Conselho de Segurança Pública e Defesa Social do Estado do Pará (CONSEO-PA), e minha luta é contra as violações de direitos que envolvem a liberdade de culto. Juntos, construímos um Plano Estadual de Combate ao Racismo Religioso, que visa proteger a população de Terreiro do nosso estado. Apesar de aprovado por decreto pela governança, esse plano ainda não foi efetivamente implementado; entretanto, nosso povo resiste e luta para garantir seus direitos. Essa é uma questão que me mobiliza profundamente, e é por isso que busco fundamentos teóricos e práticos no campo do Direito, para fortalecer a batalha contra o racismo e todas as formas de opressão.

Minha escolha pelo mestrado profissional é motivada pela necessidade de adquirir novas capacidades que me permitam contribuir de maneira sistemática. Um dos meus objetivos é desenvolver um produto que auxilie na construção de normas e técnicas efetivas para enfrentar o racismo religioso, um problema que já causou muitas perdas e sofrimentos à nossa comunidade.

Acredito que não basta apenas a ação penal para punir aqueles que cometem crimes de racismo; a esfera civil também desempenha um papel crucial na reparação dos danos morais e materiais causados por tais práticas. A Ação Civil Pública (ACP) é um dos instrumentos que podem ser utilizados para avançar nesse sentido, mas sei que não é possível erradicar o racismo apenas com ações judiciais. É preciso que o Estado brasileiro adote posturas e ações efetivas para combatê-lo, iniciando um processo de ruptura das estruturas racistas que permeiam a governança.

Políticas públicas, educação de qualidade, respeito à autonomia dos povos e a efetivação de convenções como a Convenção n. 169 da Organização Internacional do Trabalho (OIT) são imperativos para consolidar um Estado Democrático de Direito. A autodeterminação dos povos é fundamental, e a epistemologia das comunidades tradicionais de matriz africana de Terreiro, a qual denominamos POTMAS, carrega em si elementos culturais e espirituais que precisam ser respeitados e valorizados.

No contexto das nossas práticas, o *ebó* se apresenta como um elemento essencial, necessário para restaurar o equilíbrio entre o corpo físico e o espiritual. Quero enfatizar que o Estado deve assumir seu papel como reparador dos danos causados pelo racismo, que continua a afetar e, muitas vezes, a matar populações afrodescendentes. Essa luta é minha, é de todos nós, e estou aqui para oferecer minha contribuição na busca de um futuro em que o respeito, a diversidade e os direitos humanos sejam garantidos a todos, sem exceção.

3

EBOKONU: A OFERENDA E SUA SIGNIFICAÇÃO NAS RELIGIÕES DE MATRIZ AFRICANA

Ṣàrà Yèyé Ẹbọ Kú Nú.

(Canto Popular Tradicional de Ebó – Ancestral)

Depois de apresentar minha vivência como homem negro, advogado e sacerdote, pretendo apresentar nessa seção a importância do Ebó, aqui representado pela minha escrita e pela minha petição, mas também presente pelo ataque desferido contra uma oferenda pelo ex-deputado. Assim, EBÓ representa o ato de oferecer, enquanto a Oferenda refere-se à manifestação dessa ação, enfatizando a transformação e o movimento na busca por mudanças e reparações.

O presente capítulo apresenta o conceito de "EBOKONU", uma palavra de origem yorubá que combina os termos "EBÓ" (ato) e "KÓNU" (ação). O texto destaca, a partir da minha vivência e do meu saber ancestral, como também do diálogo com vários autores e autoras, a importância das oferendas nas religiões de matriz africana e do enegrecimento do Direito.

3.1 EBÓ E ÈSÙ, RITUAIS DE REPARAÇÃO E HARMONIA NAS CULTURAS AFRO-BRASILEIRAS

Muitas pessoas que adentram as religiosidades de matriz africana buscam respostas imediatas e explicações lógicas para tudo. No entanto, nossas tradições não funcionam dessa maneira Existem fatores que precisam ser levados em consideração, principalmente no que diz respeito ao tempo de cada coisa. O exercício do modo de se comportar comedido pode contribuir muito nessa caminhada. A compreensão de que o corpo fala nas dimensões material e imaterial ajudará a nos livrar de muitas incongruências. O sentir, o fazer e o ressignificar são aprendizagens que possuem suas dinâmicas. Nesse sentido, as descobertas se consolidam e apontam os melhores caminhos para cada um, sem que se perca o vínculo com a coletividade.

Tenho lembranças fortes da minha infância. Minha vozinha dizia: "Esse menino é muito danado, muito agitado, não para nunca, vou já dar um jeito nisso". Ela pegava algumas folhas dos seus saberes, macerava, preparava aquele amansi[24] e me dava banho quase todos os dias. Com o tempo, percebi que todas as vezes que tomava banho, ficava calmo e logo dormia. O banho de folhas sagradas é um Ebó e serve para equilibrar nossas energias. Quando estou muito agitado e com muitas demandas para resolver, tomo meu banho de folhas, e logo meu corpo responde, fazendo com que as coisas funcionem em uma outra dinâmica, respeitando o tempo de cada coisa.

Nas minhas vivências no terreiro, por quase 40 anos, o *Ebó* é cura, é caminho e tem ajudado muitas pessoas a se integrarem. Lógico que, antes do *Ebó*, primeiro jogo os búzios para saber que energia trabalhar em cada pessoa. Sem proselitismos, o *Ebó* faz milagres; acredite quem quiser. No contexto das oferendas e rituais afro-brasileiros, como o caso do Wlad, percebo que muitas pessoas têm uma visão distorcida, satanizando práticas fundamentais para a nossa espiritualidade. Para nós, que vivemos no *Axé*, essas insistências são extremamente ofensivas e afetam profundamente nossas vidas cotidianas.

---

24 Banho de folhas verdes, utilizadas em rituais de purificação nas religiões de afro-brasileiras.

Observando, percebo que existem pessoas que, quando passam por um *Ebó*, gritam "chuta que é macumba", sem entender o significado dessas ações e o poder das energias que estão em jogo. Elas ignoram como essas energias podem impactar a própria vida, "pois *Ebó* que permitiu o restabelecimento e a continuidade da vida" (Santos, 2012, p. 228). E por Exú, "nada acontece por acaso" ressoa verdadeiramente nesse contexto.

Essa citação me lembra da terceira lei de Newton, a qual diz que, para cada força aplicada, há uma reação igual e oposta. Isso me leva a refletir sobre como cada ato, cada comentário ou desdém em relação às nossas práticas culturais e espirituais possui consequências que, muitas vezes, elas não conseguem enxergar. Portanto, é essencial que as pessoas conheçam e respeitem a profundidade e a seriedade dos rituais afro-brasileiros, pois as energias que mexem com o nosso *Axé* são poderosas e não devem ser tratadas de forma leviana e desrespeitosa.

Nesse sentido, a importância da linguagem como um instrumento fundamental para a comunicação humana: é por meio dela que as pessoas podem expressar e compartilhar não apenas informações sobre o mundo ao seu redor, bem como suas emoções mais profundas e experiências pessoais. Isso inclui tópicos cruciais como sentimentos, dinâmicas familiares e até questões universais, como a vida, a morte e o nascimento (Asante, 2023). Esse aspecto da linguagem enfatiza seu papel na construção de laços sociais, na expressão de identidades e na transmissão de culturas e histórias. A linguagem, portanto, não é apenas uma ferramenta de comunicação, mas também um veículo por meio do qual as experiências humanas são moldadas, discutidas e compreendidas.

A compreensão da ancestralidade é fundamental nas culturas africanas e diaspóricas, especialmente entre os povos negros afrodescendentes. Os ancestrais desempenham um papel central na vida social e espiritual das comunidades, servindo como pontes entre os vivos e os mortos. Os defuntos comuns podem ser lembrados e respeitados; porém, são os ancestrais que possuem um status especial, considerado por suas contribuições significativas à sociedade. Os ancestrais são vistos como protetores e guias, e sua sabedoria é valorizada nas decisões cotidianas da comunidade. O culto a esses antepassados pode incluir rituais, oferendas e celebrações que reafirmam a conexão entre gerações, garantindo que suas memórias e ensinamentos continuem a influenciar a vida atual.

As representações físicas, como estátuas, pedras e monumentos, servem como focos de veneração e lembrança, simbolizando a presença contínua dos ancestrais na vida dos descendentes. Essa prática enfatiza a importância da memória coletiva e da identidade cultural, reforçando laços de família, clã e etnia, e celebrando a riqueza da diversidade africana. Dessa forma, essa relação com os ancestrais não só solidifica a herança cultural, mas também assegura que os valores e ensinamentos de gerações passadas sejam transmitidos e respeitados nas novas gerações (Munanga, 2020).

Existe uma grande confusão ao associar erroneamente as religiões tradicionais de matriz africana ao animismo e ao fetichismo. Essas religiões, frequentemente vistas através de uma lente simplista e reducionista, são ricas e complexas, com sistemas de crenças que vão além da mera ideia de que tudo na natureza possui um espírito. As tradições africanas incluem uma ampla gama de mitologias, rituais e práticas que não se encaixam perfeitamente na definição de animismo, possuindo, em vez disso, seus próprios ritos, símbolos e cosmologias que refletem a diversidade cultural e histórica dos diferentes povos africanos. Lopes (2020, p. 63) elucida:

> A religião tradicional africana apenas utiliza determinados elementos naturais ou artefatos como morada simbólica de seres espirituais em atenção a identificação desses inanimados com as características da espiritualidade do ser divino ou divinizado. Uma estatueta ou máscara de um ancestral é um símbolo que evoca sua presenta e seus atos, e não o ancestral em si: da mesma forma que ferramentas, insíg-

> nias ou pedras votivas consagradas a divindade são apenas representações simbólicas desses seres ou forças. Isto é, são signos que manifestam a presença espiritual deles entre os vivos, e não eles em si mesmos.

Para os povos yorubás, o ser supremo, o criador do universo, é apenas um. "A terra e toda a sua plenitude pertencem a este único Deus" (Beniste, 2008, p. 27). Ele é chamado de Olórun, Olódùmarè e reverenciado com alguns atributos, como Elédá, Senhor da criação; Aláye, Senhor da vida; Elémí, o que oferta o sopro da respiração e o tira quando julgar necessário; Olójó Ònì, Senhor do dia de hoje, o que afirma que ele está presente em todos os acontecimentos diários. Abaixo do Ser Supremo encontram-se os Òrìṣà, que têm a responsabilidade de guiar os seres humanos e gerenciar diferentes áreas da natureza, atuando como intermediários entre as pessoas e o divino (Beniste, 2008).

O conceito da palavra Àse está ligado ao poder de Olódùmare[25], pois sua enunciação busca a escuta empática divina para solicitações, com a compreensão de que eventos ocorrem apenas com a aprovação d'Ele. Embora oferendas e orações sejam direcionadas a Òrìṣà, ancestrais e outras divindades, a aceitação dos pedidos depende dos desejos de Olódùmarè. Santos (2012, p. 40) complementa, dizendo que

> [...] o Àse é o princípio que torna possível o processo vital. Como toda força, o Àse é transmissível; é conduzido por meios materiais simbólicos e acumulável. Pode ser transmitido a objetos e seres humanos.

Ele pode ser encontrado em diversos elementos da natureza, incluindo o reino animal, vegetal e mineral, refletindo a interconexão entre todas as formas de vida.

---

[25] Deus, divindade suprema: um dos títulos de Olorum; ágbàlá.

Luz (2020) sustenta que a religiosidade africana, especial mente entre os grupos yorubás e fon, desempenha um papel fundamental na formação da cultura brasileira, especialmente nas tradições afro-brasileiras. A presença dos nagôs e jejes, que trouxeram consigo suas crenças, rituais e valores, influenciou profundamente diversas práticas culturais no Brasil. Esse "complexo nagô" representa a sinergia entre as tradições africanas e as culturas locais, criando um rico mosaico cultural.

Os princípios e valores dessas tradições se manifestam principalmente na religião, onde a relação entre o mundo material (Aiye) e o espiritual (Orun) é constantemente mediatizada por rituais, cânticos e danças que buscam manter a harmonia e a conexão com os ancestrais e divindades. Assim, essa dialética entre os espaços é crucial para entender como as culturas africanas não apenas sobreviveram, mas também se adaptaram e enriqueceram no contexto brasileiro.

As práticas religiosas dos terreiros são exemplos da continuidade dessas tradições, que não só preservam os valores culturais, mas também promovem a coesão social entre as comunidades. Ademais, essas religiões atuam como meio de resistência e afirmação identitária, contribuindo para o reconhecimento e valorização da herança africana no Brasil. Portanto, a riqueza desse legado cultural está intrinsecamente ligada à espiritualidade e à busca por um entendimento mais profundo das relações humanas com o universo e a natureza (Luz, 2020).

Segundo as tradições yorubanas, existem dois espaços da existência: o Aiye e o Orun, cuja compreensão é essencial para entender a cosmologia e a espiritualidade desse povo. O Aiye refere-se ao mundo físico e material, onde todos os seres humanos e criaturas vivem, sendo os humanos chamados de "Ara Aiye", ou habitantes do Aiye, que experienciam a vida em suas diversas formas, interagindo com o ambiente, outros seres e sua própria espiritualidade. Por outro lado, o Orun representa o mundo espiritual e sobrenatural, habitado por divindades conhecidas como Òrìṣà, além de espíritos ancestrais e outras divindades, chamados de "Ara Orun", os habitantes do Orun. A interação entre Aiye e Orun é realizada por meio de rituais e práticas que visam estabelecer uma comunicação entre esses dois mundos, buscando equilíbrio, proteção e a preservação das tradições (Beniste, 2008; Santos, 2012).

"Sendo o Àse uma força que permite serem as coisas, terem elas existência e devir, podemos concluir que tudo o que existe, para poder realizar-se, deve receber Àse" (Santos, 2012, p. 43). Ao "receber Àse", o indivíduo se conecta com os princípios vitais do universo, permitindo uma comunicação e uma relação com o Aiye e o Orun. Essa incorporação não é apenas uma questão de absorver simbolicamente essas energias, mas sim de estabelecer uma relação ativa com elas, compreendendo seus significados e suas influências nas várias dimensões da existência.

A comunicação entre os mundos espiritual (Orun) e material (Aiye) é fundamentada em uma cosmovisão que considera a vitalidade como um princípio central, revelando a importância das oferendas e do respeito às forças da natureza como formas de cultivar a vida e garantir a sua continuidade. O ebó é visto como uma maneira de manter ou restaurar a conexão com essas energias, expressando gratidão, solicitando proteção ou buscando a manutenção do fluxo vital. Essa perspectiva tem profundas raízes nas tradições culturais africanas, enfatizando a interconexão entre todos os aspectos da vida (Luz, 2020; Santos, 2012).

É por meio dos Oráculos que se determina o tipo de ebó a ser executado. O jogo de búzios, assim como outras práticas de divinação[26], desempenha um papel fundamental nas tradições culturais e espirituais, especialmente entre os povos de origem africana e afro-brasileira. Esses métodos de predição não são apenas ferramentas de previsão, mas sim representações ricas

---

[26] Método imemorial de consulta as divindades. Pressentimento e conhecimento das coisas futuras.

das crenças, valores e práticas de uma sociedade. Os odus[27] por exemplo, são considerados a base da sabedoria e conhecimento na cosmologia do Candomblé e outras tradições (Beniste, 2008).

Cada Odu carrega consigo significados profundos que elucidam aspectos da existência humana e as interações entre os dois mundos. Eles são instrumentos que permitem a compreensão das dinâmicas da vida, dos desafios enfrentados e das melhores soluções a serem adotadas. Além de funcionarem como guias espirituais, os Odus também estabelecem parâmetros éticos e morais. Fornecem orientações sobre como viver em harmonia com a natureza e com a comunidade, delineando comportamentos aceitáveis e aqueles a serem evitados. A relação entre os Odus e os Òrìṣà revela a interconexão entre a espiritualidade e a vivência cotidiana. Assim, Santos (2012, p. 182) afiança que:

> Cada indivíduo está constituído, acompanhado do seu Èsù individual, elemento que permitiu seu nascimento, desenvolvimento ulterior e multiplicação para que ele possa cumprir seu ciclo de existência harmoniosamente, deverá imprescindivelmente restituir, através de oferendas, os "alimentos, o axé devorado real ou metaforicamente por seu princípio de vida individualizada. É como se um processo vital equilibrado, impulsionado e controlado por Èsù, fosse baseado na absorção e na restituição constante de "matéria.

Èṣù abrange conceitos profundos da espiritualidade afro-brasileira, especialmente no contexto do Candomblé. Èṣù é um dos Òrìṣà de suma importância, assim como todos que compõem as tradições do povo de Terreiro, funcionando como mensageiro entre os humanos e os deuses, bem como guardião das encruzilhadas e das escolhas. Cada ser possui seu próprio Èṣù, que reflete a individualidade e a particularidade de cada um, indicando que cada

27 Conjunto de signos do sistema de Ifá que revela histórias em forma de poemas, que servem de instrução diante de uma consulta.

pessoa tem suas próprias energias, caminhos e desafios a enfrentar. A ligação com o equilíbrio dinâmico é essencial, pois Èṣù ajuda a manter as energias cósmicas em harmonia por meio do transporte das oferendas (*Ebós*), práticas que possibilitam as trocas.

Silva (2022, p. 202) aduz que

> [...] diante da grande variedade de sacrifícios, Èṣù apresenta-se como a variável constante de todos eles; é o senhor dos Ebós e carregos que, como um princípio instituinte do sacrifício, assegura que tenha efeito.

Essa relação entre o ser humano e o sagrado revela que a oferenda é um meio de restabelecer o equilíbrio em nossas vidas e nas forças que nos cercam. Por meio das práticas espirituais e das conexões com Èṣù, busca-se obter proteção, orientação e a energia necessária para enfrentar os desafios da vida. Além disso, a presença de Èṣù em diversas culturas afro-brasileiras simboliza a complexidade e a riqueza das interações entre os indivíduos, suas histórias e seus mundos.

No pensamento nativo africano, acredita-se que os seres racionais podem afetar o equilíbrio energético de seus semelhantes. Para evitar a perda de energia vital provocada por outros, devem buscar forças que revitalizem sua própria energia, como as divindades e os espíritos dos antepassados. Isso é alcançado por meio de cultos ou rituais que visam proporcionar esse revigoramento (Nei, 2020). O *Ebó* desempenha um papel crucial nesse processo, uma vez que, ao realizar esses rituais, cria-se um canal de comunicação e reciprocidade com o plano espiritual, permitindo que as energias fluam de maneira harmoniosa, evitando que se dispersem ou enfraqueçam, o que poderia afetar a saúde emocional e espiritual dos indivíduos ou da coletividade.

3.2 EBÓ E ÈSÙ NAS ENCRUZAS DAS MUDANÇAS NECESSÁRIAS

> Ebo (ẹbọ), o sacrifício, é o ritual simbólico de comunicação entre todas as Forças do universo. Além do próprio ser humano, existem no Cosmos, dentro da dualidade que caracteriza a Existência, dois tipos de forças que se opem, benévolas ou hostis ao ser humano. As forças benévolas são as divindades (ibo); e as malévolas são as que guerreiam contra o ser humano, chamado ajogún – ou talvez ajoku, palavra que em yorubá se traduz como "insaciável", enquanto ajogún significa "herdeiro" (Nei, 2020, p. 71).

A construção do conceito de episteme no sistema Nàgô revela uma rica teia de inter-relações entre o ritual do *Ebó* e a figura de *Èṣù*, um elemento fundamental que atua como reparador das dissonâncias presentes nos indivíduos e na coletividade. A proposta de que o *Ebó* exerce uma função reparadora transcende a mera realização de uma oferenda; trata-se de um processo profundo de reequilíbrio, em que cada ato ritual é um gesto consciente em busca da harmonia (Santos, 2012).

Èṣù, como princípio dinâmico do universo, encapsula a multiplicidade da existência e a complexidade das interações entre os seres. Criado por *Olódùmarè* como um "medicamento" singular para cada pessoa, *Èṣù* não apenas atua como mensageiro; ele é o guardião que transporta as oferendas, conhecido pela função de Encarregado – o único capaz de fazer com que os atos de sacrifício cheguem a *Olódùmarè*, completando assim o ciclo necessário para a restauração da ordem. Em sua essência, *Èṣù* se revela como o descendente que mobiliza os processos de *Ebó*, sendo o elo vital entre o mundo material e o espiritual (Santos, 2012; Lopes, 2020).

O *Ebó*, por sua vez, carrega em sua liturgia um poder transformador. Ele não se restringe a um ato de oferenda, mas se constitui como uma tecnologia sagrada que permite a comunicação entre os dois planos de existência. Cada *Ebó*, cada gesto ritual, é um convite à restauração do *àṣẹ*, a energia vital que permeia todas as formas de vida. Por meio da escuta atenta das demandas dos indivíduos em suas singularidades, a liderança religiosa pode adaptar as oferendas, manipulando diferentes materialidades e energias para atender às necessidades de cada filho ou filha de santo (Moura, 2023).

Nesse sentido, a prática do *Ebó* não é apenas uma questão de religiosidade, mas também uma prática social profundamente enraizada na cultura das comunidades de Terreiro. Ela reflete uma forma de cuidado e acolhimento, em que a atenção às histórias pessoais e às trajetórias de vida é central. O *Ebó* se transforma, assim, em uma expressão vital de solidariedade e compreensão, permitindo que as energias sejam não apenas restituídas, mas redistribuídas, promovendo a fecundidade da vida em todas as suas formas.

Èṣù, como Senhor das Oferendas, é uma força que não pode ser isolada, um princípio que deve permear a totalidade do ser. Ele é, ao mesmo tempo, o transmissor e o regulador das energias que fluem entre os indivíduos e o cosmos, assegurando que o *Ebó* funcione como um catalisador para o crescimento e a transformação. Enquanto o *Ebó* reintegra e reequilibra, *Èṣù* se estabelece como o guardião desse processo, o agente que torna possível a continuidade da vida e a harmonia no sistema Nàgô (Santos, 2012).

Destarte, a episteme do sistema Nàgô, articulada em torno das relações entre *Ebó* e *Èṣù*, revela-se como um saber profundamente enraizado no cuidado, no acolhimento e na transformação. Esse sistema não apenas lida com as tensões da existência, como também propõe um caminho de cura e renovação, reafirmando a importância da comunidade e das relações entre os indivíduos como pilares essenciais para a manutenção do equilíbrio e da harmonia. O *Ebó*, portanto, é tanto um rito quanto um remédio, um símbolo do poder que reside na oferenda, capaz de restituir a ordem e promover a fecundidade de toda a criação.

Em se tratando dos saberes e conhecimentos que insurgem dos Terreiros, Nogueira (2023, p. 118) faz a seguinte alegação:

> A epistemologia das CTTro[28] emerge da encruzilhada. A encruzilhada como lugar de encontros, de reencontros, de caminhos e possibilidades diversas. Para essa epistemologia preta, sem possibilidades, sem variações, sem diversidade de sentires e sentidos, não há vida, movimento nem ação. Trata-se da epistemologia cuja origem é uma história afro-brasileira: a epistemologia de Exu.

A formalização excessiva e a erudição predominantemente acadêmica do pensamento jurídico têm, muitas vezes, limitado a produção de novas ideias e abordagens na área do Direito. Modelos tradicionais, como o liberal e o patrimonialista, culminam em uma visão restrita e frequentemente dissociada das realidades sociais e culturais contemporâneas. No entanto, o surgimento de novas escolas jurídicas e teorias críticas tem desafiado esses paradigmas, trazendo à tona temas instigadores que buscam responder aos dilemas da contemporaneidade (São Bernardo, 2023).

Nesse contexto, a epistemologia dos povos de matriz africana se destaca como uma proposta rica e inovadora, que convida à valorização da pluralidade de existências e ao reconhecimento do diálogo entre diferentes saberes e práticas. Essa forma de epistemologia considera a diversidade não apenas como uma característica, mas como uma essência fundamental da vida. O que isso significa para o Direito é que ele pode e deve se abrir a novas fontes e formas de conhecimento, especialmente aquelas que emergem das tradições e dos conhecimentos populares, como os que vêm do Terreiro (Nogueira, 2023).

---

28 Comunidades Tradicionais de Terreiro.

Assim, integrar a epistemologia das culturas afro-brasileiras no campo jurídico representa um convite para que o Direito se torne mais inclusivo e plural. Isso implica em reconhecer e respeitar as tradições, práticas e formas de entendimento que vêm de grupos historicamente marginalizados. Por exemplo, as práticas de resolução de conflitos dentro das comunidades afro-brasileiras, frequentemente baseadas em princípios de coletividade, respeito e justiça restaurativa, podem oferecer alternativas valiosas aos métodos tradicionais adversariais do sistema jurídico.

Nessa perspectiva, São Bernardo (2022, p. 26) enfatiza que "o diálogo com as tradições e experiências dos povos africanos e afro-brasileiros [é essencial] para a construção de caminhos filosóficos no sentido do que é considerado justo". Além disso, essa integração pode trazer à tona questões relevantes como a proteção do patrimônio cultural, os direitos humanos e a justiça social. O Direito, ao passo que se abre para outras formas de saber, pode se enriquecer e ampliar seu alcance, tornando-se mais capaz de lidar com as complexidades e diversidades do mundo moderno.

Considerar a epistemologia que vem do Terreiro como uma fonte legal não significa desvalorizar o conhecimento jurídico tradicional, mas sim reconhecer que ele pode ser complementado e, em certos aspectos, transformar-se por meio da interação com outras formas de saberes. Essa proposta enriquece o campo jurídico, promovendo um ambiente onde a pluralidade é respeitada e celebrada. Portanto, o Direito pode, assim, cumprir sua função transformadora e social de maneira mais eficaz. Nesse viés, Nogueira (2023, p. 119) denota:

> É na encruzilhada que podemos encontrar nossas origens ancestrais, autocompreensão, restauração, morte, (re-) nascimento e continuidades. Na encruzilhada temos as múltiplas origens da vida, a mulher-útero-de todo ser criado, a

> força masculina na presença de Egungun[29] – memória fala ancestral masculino, fogo, água, terra, ar -, além do senhor do início e responsável por todas as trocas possíveis: Exu. Na sociedade do esquecimento, do apagamento, do esvaziamento semântico das origens, é praticamente impensável a existência de uma epistemologia que valorize tudo o que a necropolítica quer negar e, em seguida matar.

O grande desafio é trazer o Direito para essa grande encruzilhada dialógica, mesmo compreendendo que "a interdição de outras perspectivas de mundo em favor da normatização canônica produziu mentalidades blindadas pelo colonialismo" (Simas, 2018, p. 21) e que "o conservadorismo não suporta a diversidade da encruzilhada e a controvérsia de Exu" (Nogueira, 2023, p. 120), pois esse ser tecnológico é constantemente demonizado, negado e alinhado a tudo o que destrói. Historicamente, o Direito no Brasil foi moldado por influências europeias, especialmente do Direito português e de outros sistemas ocidentais. Contudo, a rica diversidade cultural e a presença significativa de populações afrodescendentes no Brasil trazem à tona a necessidade de incorporar perspectivas e práticas jurídicas que respeitem e valorizem esses contextos. "O pensamento jurídico africano e afro-brasileiro são assuntos novos no debate sobre juridicidade no Brasil" (São Bernardo, 2022, p. 50).

Militantes do Movimento Negro e pesquisadores têm promovido a reflexão sobre como as tradições jurídicas africanas e afro-brasileiras podem dialogar com o sistema jurídico brasileiro, contribuindo para uma maior inclusão de saberes e práticas historicamente marginalizadas. Isso inclui a análise das injustiças estruturais e das desigualdades raciais presentes na sociedade brasileira, bem como a valorização de práticas como a resolução de conflitos por meio de métodos comunitários ou tradicionais.

---

29 Culto a espíritos Ancestrais masculino de determinada família ou comunidade.

> Ocorre que a estruturação de uma episteme preta fortaleceria, a um só tempo, valores civilizatórios tradicionais anteriores àqueles criados para segregar e dizimar o considerado diferente, o colonizado, o dominado, o eleito inferior (Nogueira, 2023, p. 121).

Nessa perspectiva de aprender, pesquisar e contribuir nessa encruzilhada dialógica, é possível pensar as dimensões do Sistema Nàgô e do Sistema Estatal Brasileiro, trazendo o racismo religioso como via de debate. O professor e Babalorixá Sidnei Nogueira traz a seguinte afirmação:

> O racismo religioso quer matar existência, eliminar crenças, apagar memorias, silenciar origens. É a existência a existência dessas epistemologias culturais pretas que reafirma a existência de corpos e memórias pretas. É a existência dessas epistemologias pretas que evidenciam a escravidão como crime e o processo de desumanização de memorias existenciais pretas. Aceita a crença do outro, a cultura e a episteme de quem a sociedade branca escravizou é assumir o erro e reconhecer a humanidade daquele que essa mesma sociedade desumanizou e matou (Nogueira, 2023, p. 123).

O Sistema Nàgô é uma expressão cultural rica e complexa desenvolvida a partir das tradições dos povos yorubás da Nigéria, trazida ao Brasil durante o período colonial, especialmente por meio do tráfico de africanos. Os grupos tradicionais no Brasil, que se identificam com essa cultura, preservam e reinterpretam práticas, crenças e valores que têm raízes profundas nas comunidades afrodiaspóricas. Santos (2018, p. 12) afiança que a cultura Nàgô,

> [...] tal qual é vivida pelos grupos tradicionais do Brasil, reencontra seus elementos de origem nos grupos mais afastados das grandes cidades africanas, tais como Itakon, Ifón, Kàtu, Màko, Ilárá e nas dezenas de pequenos vilarejos ao longo da fronteira da Nigéria.

São Bernardo (2022, p. 76) explicita que "é possível afirmar uma justiça e um direito de cunho libertário, inspirado na tradição africana e afro-brasileira. Existe um repertório comum que informa e unifica esse direito". É algo que merece uma reflexão profunda sobre as contribuições dessas culturas para a construção de um entendimento mais amplo e inclusivo de justiça social. A noção de direito, nessa perspectiva, vai além das interpretações ocidentais tradicionais e busca harmonizar as relações entre os indivíduos e a coletividade, enfatizando valores como a solidariedade, a restauração e o equilíbrio.

O conceito de Ebó, dentro deste pensar Nàgô, representa não apenas um ritual de oferta, mas também uma ação que visa à reparação e à manutenção da harmonia física e mental dos sujeitos. Isso pode ser traduzido para a esfera do direito e da justiça, onde a ideia de reparar dissonâncias dentro da sociedade também se torna essencial. Assim, podemos pensar em um modelo de justiça que não apenas pune, mas que promove a restauração das relações sociais, o reconhecimento das injustiças e a busca por um equilíbrio coletivo. Assim, Piovesan (2006, p. 8-9) elucida que:

> Neste contexto, ressalva-se o caráter bidimensional da justiça: Direito a redistribuição somada ao reconhecimento requer medida de enfrentamento da injustiça cultural, dos preconceitos e dos padrões discriminatórios, por meio da transformação cultural e da adoção de uma política de reconhecimento. É a luz desta política de reconhecimento que se pretende avançar na reavaliação positiva de identidades discriminadas, negadas e desrespeitadas; na desconstrução de estereótipos e preconceitos, e na valorização da diversidade cultural.

Esse repertório comum, que emerge das práticas e cosmovisões afro-brasileiras, pode informar uma construção de direitos que seja mais holística e que reconheça a interconexão entre todos os seres. A ideia de àse, a energia vital, sugere que todos estão interligados e que o bem-estar de um indivíduo está intrinsecamente ligado ao bem-estar da coletividade. Portanto, a justiça libertária, nesse contexto, deve se preocupar com a reparação das desigualdades históricas e com a criação de condições para que todos os indivíduos possam florescer em harmonia.

A análise da situação dos terreiros no Brasil revela uma realidade marcada por décadas de violações de direitos, exacerbadas por um sistema de justiça que frequentemente falha em oferecer reparação às comunidades de terreiro. É imperativo que o Estado brasileiro rompa com as estruturas racistas que permeiam suas instituições, buscando efetivamente sanar as violências sistêmicas que se arrastam desde a chegada dos negros e negras nos navios negreiros.

A episteme dos terreiros, baseada em práticas e saberes como o Ebó, propõe um caminho de cura e reparação para além das instâncias jurídicas tradicionais. Nesse contexto, o Estado deve se comprometer a reparar os ilícitos e as violências que ameaçam a liberdade religiosa, estabelecendo um sistema de justiça que seja eficaz e imparcial. Assim, a luta por justiça e respeito à diversidade religiosa se torna uma demanda indissociável do combate ao racismo estrutural, e é necessário afirmar: "Parem de nos matar". A voz dessas comunidades deve ser ouvida e seus direitos reconhecidos, promovendo um verdadeiro processo de reparação e respeito à pluralidade religiosa no Brasil.

3.3 NARRATIVAS INVISIBILIZADAS

O trecho do canto que dá título e entrada para a presente seção desta obra advém de conhecimento ancestral repassado de uma geração para outra. Ele significa, em termos contextuais para a língua portuguesa (brasileira): "tira, mamãe, o que não me nutre e traz o que eu preciso". Nessa perspectiva, foi escolhido porque apresenta a verdadeira essência do ebó. Sempre que for restabelecida qualquer energia, esse fundamento é o canto de entrada, início para restabelecer o equilíbrio dinâmico.

As tradições de matrizes africanas no Brasil nunca foram respeitadas em seus contextos culturais e religiosos. Esse lugar do "não ser" não acontece por acaso, mas se dá quando se chega e se vive numa estrutura racializada amparada por um sistema jurídico composto por leis e decisões racistas. Dessa maneira, São Bernardo (2022, p. 32) afirma que: "o direito e o não ser negro são a constatação da invisibilidade, ou melhor, da negação e da inferiorização do ser negro no contexto social e jurídico brasileiro".

A "invisibilidade" refere-se ao fato de que a identidade e as experiências dos negros frequentemente são ignoradas ou diminuídas na sociedade brasileira. Embora os negros constituam uma parte significativa da população brasileira, muitas vezes são excluídos dos espaços de poder e não são representados adequadamente nas instâncias governamentais, nas instituições jurídicas e em outros setores-chave da sociedade. Por conseguinte, esse fenômeno contribui para a perpetuação de estereótipos negativos e para a negação das necessidades e direitos específicos dos negros.

Além disso, a negação e a inferiorização do ser negro são outra consequência dessa invisibilidade. A sociedade brasileira historicamente construiu narrativas que colocam os negros em posição de inferioridade, desvalorizando sua cultura, história e contribuições para o país. Isso se manifesta em várias esferas, como a educação, o mercado de trabalho, a representatividade política e a justiça, em que os negros continuam enfrentando discriminação e desigualdade de oportunidades. A negação do ser negro também é evidente nos discursos e nas práticas discriminatórias que perpetuam estereótipos raciais negativos, marginalizando e desumanizando os indivíduos negros.

Partindo da premissa de que a compreensão do Direito depende da distinção entre o que existe e o que não existe, e de que essa distinção tem um impacto direto na construção e na definição do sujeito de direito, a forma como essa linha divisória é traçada influencia o perfil do sujeito de direito e, consequentemente, a estrutura e o funcionamento do sistema jurídico. Isso significa que a construção do Direito depende da maneira como a sociedade delimita e percebe a realidade: quais elementos são considerados parte dela e quais são excluídos. Dessa maneira, Thula Pires (2018, p. 90) acentua que:

> Só faz sentido pensar o Direito entendendo que a linha que divide a zona do ser e a zona do não ser impacta diretamente na construção desse Direito, e, portanto, na construção de quem vai ser o sujeito de direito, qual vai ser o perfil através do qual toda a engrenagem jurídica vai se constituir.

A construção do Direito não é neutra, mas está intrinsicamente relacionada com as visões de mundo e os interesses que o permeiam. A definição do sujeito de direito e suas características reflete a forma como a sociedade enxerga e valoriza diferentes grupos e indivíduos, influenciando a estrutura e funcionamento do sistema jurídico em sua totalidade, para se fixar nesta encruzilhada é preciso "[...] construir categorias jurídicas a partir do lugar onde estamos, capazes de lidar com o tipo de violência que sofremos" (Pires, 2018, p. 89).

A partir da compreensão da relação entre direitos e a não pertença à raça negra abre-se precedentes para buscar as construções epistemológicas já existentes para a aplicabilidade dos costumes e tradições originados do processo civilizatório afro-brasileiro. Neste viés, Nascimento (2019, p. 177), argumenta que "a cultura afro-brasileira, possuidora de um inerente dinamismo, sempre esteve comprometida com a libertação do povo negro". A ciência não é um conhecimento absoluto e estático, mas um processo contínuo de descoberta e atualização.

Nestas encruzilhadas vamos encontrar muitas sementes plan tadas no solo brasileiro por africanos e seus filhos, considerando questões imprescindíveis que neste local, "o passado africano, com o seu referencial civilizatório específico, deve ser tanto o "ponto de partida cultural como o horizonte político a ser perseguido em um projeto de descolonização"[30] (Faustino, 2022, p. 144). Reconhecer a importância desse referencial na formação da sociedade brasileira envolve um olhar crítico sobre as estruturas e práticas que perpetuam o legado do colonialismo e a opressão.

Cortez (2011) entende que o Brasil possui a necessidade de autocompreensão da sua identidade no legado cultural africano e de seus descendentes, entrelaçada na genealogia do povo que é essencial para a "brasilidade". Além disso, a cultura africana também se manifesta nas lutas por igualdade e justiça social, como as de Zumbi, Luís Gama, André Rebouças e tantos outros (Nascimento, 2019, p. 178) que nos antecederam e não esmoreceram na luta. Reconhecer-se no espelho das práticas e vivências são passos importantes na desconstrução do estrangeirismo que invade os nossos corpos.

A Afrocentricidade busca valorizar a cultura africana e a experiência afrodescendente, questionando a história oficial que muitas vezes marginaliza a contribuição dos africanos para a história mundial. Molefi Kete Asante (2014) destaca a importância de reescrever a história sob uma perspectiva africana, ressaltando as contribuições dos povos africanos e combatendo o eurocentrismo presente nas narrativas históricas. Isso implica lutar contra a hegemonia europeia em diferentes áreas, como a intelectual, política, econômica e social.

O passado africano, com sua própria construção de civilização, deve ser tanto base cultural para começar quanto objetivo político a ser alcançado em um projeto de decolonização. Isso implica

---

30 Em que pese o autor utilizar o termo "descolonizar", me resigno a utilizar "decolonial", por compreender que não se podem apagar o passado colonial brasileiro e suas heranças que permeiam fortemente a sociedade atual.

reconhecer e valorizar as realizações históricas da África antes da chegada dos colonizadores, bem como buscar a autonomia política e econômica para os países africanos. Abordar o passado africano como ponto de partida cultural significa reconhecer a riqueza das culturas africanas, desconstruindo a narrativa eurocêntrica.

Com efeito, no Brasil, de acordo com o IBGE (2023), a autodeclaração de cor ou raça preta passou de 14,5 milhões em 2010 para 20,7 milhões em 2022, um crescimento de 42,3%. Os pardos representam agora 45,3% da população, ultrapassando a quantidade de brancos pela primeira vez desde 1872, quando foi realizado o primeiro recenseamento do país. Além disso, a proporção de pretos mais que dobrou entre 1991 e 2022, alcançando 10,2% da população. Esse incremento demonstra que cada vez mais pessoas estão se identificando como pretas, em contraste com um histórico de negação e invisibilização de sua identidade racial.

Theodoro (2022) ressalta que esses números refletem a luta do movimento negro por direitos e contra o racismo. Ao longo dos anos, tem havido um aumento significativo no número de pessoas que se autodeclaram pretas e pardas. Isso indica um movimento de valorização da identidade racial. Nesse viés, Ngoenha (1953, p. 15) alerta: "O Brasil afrodescendente pratica e reivindica uma filosofia africana própria que se abre com avidez à vida e às produções do Continente Negro".

Esse cenário indica um movimento de valorização da identidade racial e de reconhecimento da existência de um racismo estrutural que permeia a sociedade brasileira. Em verdade, ele está enraizado nos moldes sociais, sendo necessário usar o "machado" para cortar esse comportamento e não a cultura de um povo. Nesse sentido, a busca por uma filosofia africana própria encontra-se pautada na importância de manter as raízes e o valor de sua ancestralidade africana.

É possível constatar que essa busca também reflete o reconhecimento de que a identidade dos afrodescendentes brasileiros é construída tanto pelas influências históricas do Brasil quanto pela herança cultural africana. Entende-se que esses marcos identitários não se resumem apenas às marcas deixadas pela história brasileira, mas também incorporam, em sua filosofia de vida, a rica herança cultural africana.

Ao observarmos a história do continente africano, podemos identificar uma série de elementos culturais e sociais que têm sido passados de geração em geração. Isso inclui crenças, valores morais, estruturas familiares, sistemas de governança, formas de organização social, tradições religiosas, entre outros. "Esses princípios caracterizam a afirmação existencial do homem negro e constituem a sua identidade própria" (Luz, 2020, p. 33), tendo importância fundamental na formação da identidade individual e coletiva dos povos negros africanos.

Além disso, esses princípios e valores transcendentais ajudam a moldar a forma como as pessoas se veem e se relacionam com os outros, fornecendo um senso de pertencimento e continuidade histórica, representando uma resistência e uma afirmação da cultura africana diante das influências externas e de períodos de opressão e exploração. Essa conexão com o passado é uma fonte de força e resiliência para enfrentar desafios presentes e futuros, permitindo que as pessoas se organizem e interajam com base em valores compartilhados, estabelecendo normas e expectativas mútuas.

Discorrendo sobre a vertente civilizatória negro-brasileira, que engloba a maioria da população do país, assim como em outros países da Afro-América, o legado dos valores africanos está fortemente presente nas instituições religiosas. São essas instituições que irradiam e são responsáveis pelos múltiplos processos culturais que destacam a identidade nacional. É por meio dessas práticas religiosas que as tradições e crenças africanas foram transmitidas ao longo do tempo, permitindo uma continuidade transatlântica (Luz, 2020).

É imprescindível reconhecer a importância desse legado africano para a formação da identidade e cultura brasileiras. Mesmo com a influência europeia e colonial que ainda prevalece no país, os princípios e valores da tradição negro-brasileira têm uma presença significativa na sociedade atual. "São dessas instituições que se irradiam os processos culturais múltiplos que destacam uma identidade nacional" (Luz, 2020, p. 30).

Nesse ínterim, as religiões de matriz africana tiveram um papel significativo na organização da população negra, permitindo a reconstrução da identidade e da ancestralidade perdidas durante a escravidão. Apesar das dificuldades e discriminações enfrentadas ao longo da história, essas religiões resistiram e se fortaleceram, mobilizando seus adeptos e lideranças para preservar seu legado cultural e religioso.

É no espaço sagrado do terreiro que ocorrem os ritos das tradições de matriz africana, onde a Mãe África foi simbolicamente transferida e restituída, dando aos seus filhos e descendentes um senso de identidade, pertencimento e resgate cultural. "Na diáspora, o espaço geográfico da África genitora e seus conteúdos culturais foram transferidos e restituídos no 'terreiro'" (Santos, 2012, p. 33). Por meio do terreiro, a diáspora africana encontra uma conexão com suas origens, promovendo a preservação das tradições culturais, a valorização da ancestralidade africana e a luta contra o apagamento histórico e cultural.

3.4 ENTRE ESQUINAS, SIMBOLOGISMOS E ENCRUZILHADAS

Um dos espaços de grande resistência cultural negra são os terreiros, que mantêm vivas as tradições e costumes africanos. Nestes locais sagrados, busca-se o equilíbrio entre o mundo material e o espiritual por meio das trocas. "A comunicação entre esses dois mundos se dá através de axé para os nagôs ou muntu para os congos" (Luz, 2020, p. 34). O axé é uma força vital presente no universo e em tudo o que existe. É ele que permite a dinâmica e o movimento, possibilitando que as coisas aconteçam e se transformem (Santos, 2012).

De acordo com Santos (2012), o terreiro precisa ser impregnado de axé para cumprir suas funções. O axé é transmitido aos elementos que fazem parte do terreiro. A combinação dos elementos materiais e simbólicos que compõem o axé varia e expressa diferentes características de cada orixá e dos ancestrais. A qualidade do axé depende da combinação dos elementos que ele contém. Assim, uma vez plantado, o axé do terreiro se expande e fortalece, integrando as qualidades e significados de todos os elementos que o compõem, como os orixás, os membros do terreiro e os antepassados.

Ao restituir o axé, as forças que regem tanto o universo concreto quanto o universo abstrato são revitalizadas e fortalecidas. Essas forças podem ser entendidas como os princípios que governam o funcionamento do mundo físico e das ideias e conceitos abstratos. Quando restauradas e em equilíbrio, elas têm o poder de gerar novos nascimentos e expandir a criação. A renovação e a criação de coisas novas são impulsionadas pelo fluxo harmonioso e vigoroso do axé, o que vamos chamar de ebós ou oferendas.

> Esse mecanismo, que consiste em transferir a um outro a restituição do axé absorvido, é fundamental para a compreensão dos rituais de oferenda e da dinâmica do sistema. A restituição transferida – a oferenda – é que permite manter a integridade de cada indivíduo; controlada por Exu Elebo, ela permite ao Exu acompanhante exercer sua função de princípio dinâmico, desenvolver e expandir a existência de cada indivíduo, de cada ser (Santos, 2012, p. 183-184).

O "axé", uma força vital e energia espiritual que permeia todas as coisas, pode ser absorvido por indivíduos e deve ser restituído ao cosmos para manter o equilíbrio e a harmonia. A restituição do axé é realizada por meio de ebó, que são controlados por Exu Elebo, como o guardião dos limites e das transmissões de axé entre os mundos.

Os ebós funcionam como uma forma de troca e reverência, permitindo aos indivíduos que devolvam ao universo uma parte da energia vital antes recebida. Em troca, espera-se que essa energia contribua para o desenvolvimento e expansão da existência de cada um, com Exu agindo como um princípio dinâmico que facilita e promove esse processo. A palavra *ebó* significa sacrifício e tem origens na língua yorubá, em que o termo *bo* significa alimentar, nutrir, complementar. Ele geralmente é determinado/orientado pelos oráculos, que são relacionados com algum caminho e atuam na orientação de como fazê-lo, determinando os elementos que serão utilizados e o local em que deverá ser realizado (Beniste, 2008).

No que se refere ao Exu, ele é "o transportador das oferendas rituais. O responsável pela circulação de axé que dinamiza o ciclo vital" (Luz, 2020, p. 49). Nesse contexto, Exu acompanhante, ligado a um indivíduo, desempenha o papel de princípio ativo que promove o crescimento pessoal e espiritual. Portanto, a prática de fazer ebó é uma forma complexa e essencial de interagir com as forças espirituais e manter sua própria integridade e evolução.

Em muitas tradições religiosas, as oferendas são feitas como forma de reverência, gratidão e adoração a uma divindade ou ser espiritual, sendo acompanhadas de rituais, rezas, cantos e danças, com o intuito de buscar bênçãos, proteção ou orientação espiritual, ou para celebrar e fortalecer os laços com o divino. "Através do ebó, das oferendas, pode-se abrir os caminhos, restituir axé e, assim, melhorar o fluxo do destino" (Luz, 2020, p. 34-35).

Nesse sentido, as oferendas possuem um significado simbólico e prático ao mesmo tempo, representando o ato de oferecer algo de si para alcançar determinado objetivo que precisa ser refeito ou complementado. Elas podem incluir elementos dos diversos reinos considerados valiosos pelo indivíduo ou pela comunidade, relacionados com a força vital, que "designa o fenômeno responsável pela vida existente no universo visível e invisível e pela sua manutenção" (Lopes, 2023, p. 27).

Nas tradições de matrizes africanas, o ebó é uma prática presente, e o principal objetivo é estabelecer uma conexão e uma comunicação entre o mundo material e o espiritual. É considerado um ato de troca, valorização e respeito aos seres do universo[31], como intermediários entre os praticantes e o divino.

A oferenda também expressa a noção de reciprocidade. Acredita-se que, ao oferecer algo aos seres da natureza, eles também irão fornecer proteção, orientação e bênçãos à comunidade religiosa. Portanto, essa é uma forma de estreitar os laços entre os indivíduos e os seres espirituais, fortalecendo, assim, a fé e a devoção.

A escolha dos elementos que compõem uma oferenda varia de acordo com a divindade ou entidade a ser homenageada, assim como a finalidade da oferenda. Por exemplo, em uma oferenda dedicada a Oxalá, orixá associado ao processo de criação, seria dedicado um ebó com elementos como milho branco, associado à paz e à harmonia. Já em uma oferenda a Exu, entidade considerada o mensageiro dos orixás, podem-se ofertar bebidas alcoólicas e dendê, que são elementos de vibração e força.

Além da dimensão espiritual, a oferenda também possui um significado social e comunitário. Ela fortalece os laços entre os membros da comunidade religiosa, proporcionando momentos de união e partilha. A preparação e a realização da oferenda envolvem a participação de muitas pessoas, o que contribui para a construção de uma identidade coletiva e para o fortalecimento da religiosidade.

No mais, é importante destacar que o ebó é uma prática que faz parte de uma tradição religiosa específica, e seu significado pode variar de acordo com o contexto cultural e religioso de cada comunidade. É fundamental respeitar e compreender essas práticas dentro dos seus respectivos contextos, evitando qualquer forma de apropriação cultural ou interpretações equivocadas.

---

31 Quando descrevo "universo" ou mesmo seres da "natureza", me refiro aos nossos ancestrais ou, como de conhecimento comum, aos seres "espirituais".

4

AGBÁGUNJO: RACISMO RELIGIOSO E O CASO WLADIMIR COSTA

Sou negro, Sou negra. Tenho a minha tradição. Trago a Ancestralidade marcadas na pele e no coração.

(Bàbá Edson Catendê, 2022)[32]

A presente seção apresenta o caso objeto de análise e como se articula com a dimensão do racismo religioso. A titulação da seção evoca uma poderosa analogia com a luta e a resistência. A palavra "Agbágunjo", no contexto da língua yorubá, refere-se a alguém que incita a guerra, um fomentador de conflitos. Essa ideia pode ser utilizada para refletir sobre a maneira como o racismo, especialmente em suas manifestações religiosas, é promovido e perpetuado. Aqueles que mantêm o status quo podem ser vistos como "Agbágunjo", instigadores de divisões e conflitos que buscam preservar seu poder e privilégio.

Para além da dimensão individual, o racismo se manifesta em estruturas sociais, políticas e econômicas que perpetuam a desigualdade. O racismo não apenas cria divisões entre grupos sociais, mas também sustenta uma hierarquia que considera uns como "superiores" e outros como "inferiores". Essas categorizações têm consequências devastadoras na vida das pessoas discriminadas,

[32] Refrão da Música "Sou negro, Sou Negra" de Edson Catende. EP "Vidas Negras Importam Sempre. https://open.spotify.com/track/0U5O19Vfy1UlMLuMRonbjg?si=XemBK5bDSCCVOaFlegnXDg.

gerando opressão, violência, exclusão e até genocídio. Quando as desigualdades são vistas como naturais ou justificadas, isso reforça a ideia de que certos grupos são considerados menos importantes, enquanto outros recebem um tratamento privilegiado (Almeida, 2019; Moreira, 2023).

Esse cenário perdura no Estado brasileiro desde o processo escravocrata, em que os corpos negros eram tratados como objetos e suas vozes silenciadas pelos chicotes. Como afirma o grande griot Abdias do Nascimento (2019, p. 115):

> Agredido de todos os lados, foi em sus religiões ancestrais que o africano encontrou um espaço onde se apoiar e defender o que lhe restava de identidade humana. E, cientes desse fato, tanto a sociedade institucionalizada como a religião oficial do Estado, o catolicismo, não deram tréguas as religiões vindas da África. Acusadas de cultos fetichistas, sofriam a condenação de sacerdotes católicos e a repressão policial.

A dinâmica de dominação entre grupos raciais revela dois aspectos principais: primeiro, a capacidade do grupo dominante de impactar o comportamento e as escolhas dos indivíduos do grupo minoritário, utilizando canais como normas sociais, representação na mídia e práticas institucionais, que moldam as experiências e oportunidades dos subalternos. Em segundo lugar, os recursos à disposição do grupo dominante, incluindo poder cultural, institucional, jurídico e político, possibilitam não apenas a influência, mas também o controle da vida dos grupos minoritários. Mesmo que essa influência não seja exercida de forma direta, a presença desse poder é suficiente para sustentar a estrutura de dominação (Moreira, 2023).

O racismo brasileiro vai além de um mero preconceito étnico-racial, alcançando também searas culturais, em que tudo o que remete à cultura africana é frequentemente subestimado ou mal interpretado. Essa dinâmica revela uma profunda desvalorização e marginalização das tradições afro-brasileiras, ainda persistente na sociedade atual. Esse contexto exige uma reflexão crítica sobre a necessidade de redimensionar o entendimento e o respeito em relação às religiões afro-brasileiras, reconhecendo seu valor e sua contribuição para a pluralidade cultural do Brasil (Araujo, 2017).

De acordo com o Anuário Brasileiro de Segurança Pública, em 2022 registraram-se 2.458 ocorrências de crimes resultantes de preconceito de cor, o que representa uma taxa de 1,7 caso a cada 100 mil habitantes. Em 2023, o Conselho Nacional de Justiça (CNJ) lançou um painel para monitorar processos relacionados a crimes de racismo no Brasil, revelando que, em 2024, foram registrados 4.205 novos casos.

Segundo dados da Ouvidoria Nacional de Direitos Humanos (ONDH), em 2021 foram feitas 571 denúncias de violação à liberdade de crença no Brasil, sendo que mais da metade foi dirigida aos cultos de matriz africana. A Secretaria de Segurança Pública do Pará (SEGUP) (2022)[33] afirma que houve um aumento de 271% nos crimes contra os religiosos entre os anos de 2020 e 2021.

O racismo religioso emerge como chaga profunda e persistente no Brasil, evidenciando-se cada vez mais nos ataques sistemáticos a indivíduos que professam tradições religiosas de matrizes africanas. O respeito à diversidade religiosa é um direito fundamental, e a negativa desse direito culmina em ações que vão desde a depredação de terreiros até a expulsão de seus praticantes de espaços considerados sagrados.

As consequências dessas agressões se estendem a todas as esferas da vida dos indivíduos afetados, incluindo a infância, em que crianças negras enfrentam discriminação e preconceito no ambiente escolar simplesmente por praticarem suas crenças. O assassinato de lideranças afro-religiosas, que deveria ser inconcebível em uma sociedade plural, revela a urgência de enxergar e combater o racismo religioso sob sua verdadeira essência. Essas ações não apenas atacam a integridade física dos indivíduos, mas

[33] Dados levantados pela Secretaria de Segurança Pública e Defesa Social do Estado do Pará.

também visam minimizar e silenciar a rica tapeçaria cultural e espiritual que os POTMAS representam (Barbosa, 2022).

A mídia e a sociedade civil têm um papel crucial na identificação desses crimes e na promoção de uma conscientização que permita o fortalecimento da luta contra todas as formas de violência racial e religiosa. É imperativo que a liberdade de culto e a expressão das tradições religiosas afro-brasileiras sejam garantidas, para que todos possam conviver em harmonia, respeitando as diferenças que enriquecem nossa cultura. Somente assim poderemos trilhar um caminho rumo à equidade e à justiça social, em que a fé de cada um seja celebrada em um ambiente de respeito e dignidade.

4.1 O "CASO WLADIMIR COSTA" E OS IMPACTOS DISCRIMINATÓRIOS NAS PESSOAS DE RELIGIÕES DE MATRIZ AFRO

O caso de Wladimir Afonso da Costa Rabelo, amplamente conhecido como Wladimir Costa, destaca-se como um exemplo gritante de racismo religioso, evidenciando os desafios persistentes enfrentados pelas comunidades de matriz africana no Brasil. O incidente ocorreu em 2019, quando um vídeo[34] do ex-deputado e radialista se tornou viral nas redes sociais, retratando suas atitudes desrespeitosas em relação às práticas religiosas afro-brasileiras.

No dia 2 de novembro de 2019, às 9 horas da manhã, um evento controverso chamou a atenção na cidade de Belém, mais especificamente no bairro de Val-de-Cães, em frente ao Shopping Grão-Pará. O radialista e então deputado federal Wladimir Afonso da Costa Rabelo, conhecido popularmente, decidiu compartilhar um vídeo[35] nas redes sociais que rapidamente se tornou objeto

---

34 Disponível em: https://youtu.be/qPcmvwtgRSs?si=1N2GoC2BibRWiqnV.

35 Disponível em: https://www.facebook.com/marcelomixoficial/videos/1266813083505339/?rdid=1hJVMoNODeQxkuSF# Wlad pega frutas de macumba em uma encruzilhada e doa para as pessoas....

de críticas e controvérsias. O contexto inicial do vídeo ocorreu durante um passeio de carro, onde ele observou uma cesta cheia de frutas e velas (Ebó-Oferendas), associadas à prática de cultos de religiões afro-brasileiras.

Ao parar próximo à cesta, Wladimir começou sua gravação[36] com uma abordagem claramente provocativa e discriminatória. Ele declarou: "Venho aqui pedir a força do divino Espírito Santo de Deus, levar meu pensamento aos céus, nosso Senhor Jesus Cristo, pra quebrar todas essas coisas." Afirmando não ser pastor ou católico, mas se definindo como um cristão, ele expressou sua intenção de levar as frutas consigo, sugerindo que iria doá-las, o que, à primeira vista, poderia ser visto como um ato benéfico, mas logo se tornou evidente que suas intenções eram outras.

Dentro do veículo, ele continuou seu discurso, ressaltando que as pessoas que gastavam dinheiro em práticas idolátricas deveriam ser abençoadas se seus objetivos fossem bons, mas desejando que "se for pro mal, que quebre". Essa declaração já indicava um forte teor de desdém e zombaria em relação às tradições religiosas africanas. Durante a gravação, Wladimir também fez questão de transformar a situação em uma espécie de piada, oferecendo as frutas ao motorista e convocando pessoas nas ruas, tratando as oferendas (ebó) usurpadas como se fossem próprias, e chamando a atenção dos populares e vendedores ambulantes com a frase: "Bora comer essa porra". Posteriormente, os ambulantes, ao descobrirem que foram enganados, também o processaram.

Além desse episódio, em outro vídeo, o deputado radicalizou ainda mais seu ataque verbal às religiões afro-brasileiras ao criar uma paródia escarnecedora de uma música, em que se autoafirmava como "filho de Deus" e desafiava qualquer tipo de "macumba" direcionada a ele, repetindo várias vezes que "essa macumba não

---

[36] Disponível em: https://drive.google.com/file/d/1xIcLe1LZUzS9W2jEpn22_3FASH_m3S76/view?usp=sharing Transcrição do vídeo efetuado por peritos (p. 154-156) AUTOS DO PROCESSO **No. 0810265-90.2021.8.14.0401. (Caso Wlad).**

me pegou". Suas palavras e atitudes, impregnadas de zombaria e desrespeito, tornaram-se um símbolo do preconceito religioso que ainda permeia a sociedade, refletindo uma hostilidade que atinge as práticas de muitas comunidades religiosas afro-brasileiras.

Assim, o ocorrido não apenas expôs a postura intolerante de uma figura pública em relação a tradições religiosas, mas também levantou questões sobre a liberdade de expressão versus o respeito à diversidade cultural e religiosa no Brasil. A repercussão[37] das declarações de Wladimir Afonso se traduziu em um amplo debate, revelando a fragilidade e os desafios enfrentados por grupos historicamente marginalizados e, ao mesmo tempo, a necessidade de um diálogo mais respeitoso e inclusivo na sociedade contemporânea. O vídeo não apenas gerou indignação nas comunidades de matriz africana, mas também provocou um debate mais amplo sobre racismo religioso no Brasil.

O Ministério Público Estadual instaurou um inquérito, levando à denúncia[38] de Wladimir, com o amparo da Lei n. 7.716/1989, que tipifica a discriminação religiosa (processo n. 0810265-90.2021.8.14.0401). A situação levantou importantes questões sobre o papel das figuras públicas e a responsabilidade que elas têm ao proferirem declarações que incitam ódio e intolerância.

De acordo com os autos do processo, o denunciado fez as seguintes alegações[39] na audiência de instrução e julgamento:

---

37 Repercussão gerada pela atitude do Sr. Wladimir Costa. Disponível em: https://www.google.com/search?q=video+do+wlad+dizendo+que+a+macumba+n%C3%A3o+lhe+pegou&oq=video+do+wlad+dizendo+que+a+macumba+n%C3%A3o+lhe+pegou&gs_lcrp=EgZjaHJvbWUyBggAEEUYOTIHCAEQIRigAdIBCTE5MjIyajBqN6gCALACAA&sourceid=chrome&ie=UTF-8#fpstate=ive&vld=cid:36515155,vid:qPcmvwtgRSs,st:0.

38 AUTOS DO PROCESSO. **No. 0810265-90.2021.8.14.0401. (Caso Wlad)** – Denúncia (p. 62-63) https://drive.google.com/file/d/1xIcLe1LZUzS9W2jEpn22_3FASH_m3S76/view?usp=sharing.

39 AUTOS DO PROCESSO. **No. 0810265-90.2021.8.14.0401. (Caso Wlad)** – Interrogatório (p. 257-258) https://drive.google.com/file/d/1xIcLe1LZUzS9W2jEpn22_3FASH_m3S76/view?usp=sharing.

Interrogatório do réu **WLADIMIR AFONSO DA COSTA RABELO**, prestado perante este juízo oportunidade em que declinou: que morava na frente do local onde viu um despacho ao sair de casa, estranhando porque o local não é encruzilhada; que viu uma cesta de frutas comuns e nobres; que achou aquilo engraçado e parou o carro; que **não viu velas na cesta nem outros apetrechos próprios de rituais de umbanda, como animais mortos, aguardente, etc.**, somente frutas; que então apanhou a cesta e se dirigiu até o cruzamento da Duque de Caxias com a Dr. Freitas, onde amigos e conhecidos seus trabalham e fez a doação para os mesmos, ressaltando que há muito tempo procede dessa forma; que não lembra de ter falado a origem das frutas; que estava brincando quando assim procedeu; **que sua intenção não era desprezar ou debochar das religiões afro; que não pegou um despacho mas uma cesta de frutas, agindo sem maldade, sem intenção de depreciar a religião umbandista; que inclusive ajuda esse pessoal e participa de rituais, tomando banhos em público**; que não conhece as pessoas arroladas como testemunhas e não as ofendeu; que não sabe como tomaram conhecimento dos fatos; que não sabe quem colocou as frutas naquele local; **que se tivesse algum elemento indicativo de se tratar de oferenda não apanharia as frutas; que quanto às frases reproduzidas na denúncia reconhece que falou, mas não tinha intenção de debochar ou ofender; que é Cristão; que em nenhum momento tentou denegrir ou agir com preconceito na situação**; que quatro pessoas lhe denunciaram entre aqueles que receberam as frutas, registrando boletim de ocorrência, mas não sabe dos desdobramentos do caso; **que não falou a origem das frutas porque estava distribuindo comida e não oferendas de umbanda**. Pela Assistência de Acusação: Que quanto ao laudo do IML em

> que consta que refere a existência de vela no local, entende um equívoco, pois o vídeo mostra que não havia vela, pois se houvesse não pegaria; que era um amigo seu que dirigia o carro; que percebeu que a cesta de frutas já estava mexida; que ao se dirigir as frutas como vamos comer essa porra, entende como mera expressão corriqueira, sem tom de pornografia ou depreciação, mera força de expressão, não vendo maldade nessa expressão usual; **que ao se referir ao trecho do vídeo em que diz que macumba não lhe pegou por ser filho de Deus, repete que realmente se considera filho de Deus; que ao perguntar se o seu motorista estava com medo, justifica que assim agiu por ele ser evangélico**, mas também **não vê maldade ou preconceito**; que ao dizer no vídeo que vai entregar as frutas trazidas da encruzilhada foi apenas força de expressão, repetindo que o local onde apanhou as frutas não é uma encruzilhada; que não é adepto de religiões de matriz afro-religiosa; que ao mandar o motorista encostar, conforme registrado no vídeo, e mencionar a expressão morro da umbanda, esclarece que à distância não tinha conseguido visualizar bem o cenário, e só quando chegou ao local percebeu que era apenas uma cesta de frutas; que Murilo é seu parceiro de trabalho há mais de trinta anos. Pela Defesa: Que ao se aproximar do local, por um momento achou que seria um despacho de umbanda, mas quando desceu do carro entendeu que na verdade era apenas uma cesta de frutas, até por não haver velas, animais e bebidas; que na Duque com a Dr. Freitas, ao distribuir as frutas, não informou a origem, para que não houvesse resistência ao consumo por parte dos destinatários.

Wladimir Costa, em sua defesa, tentou minimizar suas ações, alegando que suas palavras eram apenas uma "brincadeira". Contudo, tal justificativa é insuficiente ao considerar a gravidade do impacto que suas falas geraram em comunidades já vulneráveis à discriminação. O comportamento do ex-deputado não pode ser desvinculado de seu papel como uma figura pública, reconhecida nacionalmente, que deve exemplificar respeito e diversidade em vez de fomentar hostilidade.

Em 1º de abril de 2023, transitou em julgado a sentença condenatória. Wladimir Afonso da Costa Rabelo foi condenado a 2 anos de reclusão em regime aberto por incitação ao preconceito religioso, conforme o art. 20, § 2º da Lei n. 7.716/1989.

Após a condenação, Wladimir apresentou um recurso de apelação, alegando erro de tipo e invocando o direito à liberdade religiosa. Entretanto, tanto o Ministério Público quanto o assistente de acusação arguiram que o réu, de forma consciente, incitou o ódio e a discriminação, desconsiderando o limite da liberdade de expressão.

Em suas contrarrazões, a acusação enfatizou que a liberdade de expressão não é um escudo para a incitação ao preconceito; que as provas apresentadas, incluindo depoimentos testemunhais e a análise do vídeo, evidenciaram a violação dos direitos religiosos dos praticantes de matrizes africanas, o dano à imagem e aos direitos das religiões afro-religiosas.

Wladimir Afonso da Costa Rabelo apresentou suas contrarrazões à sentença condenatória, solicitando a reforma da decisão anterior. A defesa argumentou que o réu não tinha intenção de cometer o crime de intolerância religiosa, sustentando que sua atuação se deu em um contexto de solidariedade, ao tentar distribuir alimentos que acreditava ter encontrado abandonados em via pública.

O réu alegou que, ao retirar a cesta de frutas, não tinha conhecimento de que se tratava de um ritual religioso. A defesa argumentou a inexistência de dolo, destacando que a conduta delitiva exige a intenção de discriminar ou ofender religiões, o que não se comprova nos autos. O recurso enfatizou o direito constitucional à liberdade religiosa, argumentando que as ações de Wladimir estavam baseadas em sua própria crença religiosa e em busca de solidariedade, sem intenção de malefício a outras religiões.

Além disso, a defesa questionou a validade das provas apresentadas pelo Ministério Público, afirmando que não está claro quem realmente colocou a cesta em via pública nem qual a intenção subjacente ao ato. O advogado pediu a absolvição do réu com base na dúvida sobre a culpabilidade, destacando que, na ausência de prova conclusiva sobre a intenção do réu em ofender, a decisão deve sempre favorecer o réu.

Em 19 de dezembro de 2023, foi encaminhado o recurso de apelação ao Tribunal de Justiça do Estado do Pará – 2º Grau e Turmas Recursais, conforme o despacho anterior. O recurso de Apelação Criminal foi considerado improcedente, resultando na manutenção da condenação. Em 02 de dezembro de 2024, os Excelentíssimos Senhores desembargadores integrantes da Egrégia Turma de Direito Penal, à unanimidade, conheceram do recurso e negaram-lhe provimento, nos termos do voto do Desembargador Relator.

É compreensível que a manutenção da sentença possa gerar em mim uma reflexão profunda sobre o estado da justiça e suas implicações nas populações vulnerabilizadas. Acredito que o sistema de justiça deve ser uma ferramenta de proteção e promoção dos direitos, e me preocupa quando ele falha em atender a todos de forma equitativa, especialmente aqueles que já enfrentam desvantagens sistêmicas.

O racismo estrutural, de fato, influencia não apenas as minhas interações sociais, mas também a maneira como as instituições funcionam. Muitas vezes, pessoas de grupos marginalizados, assim como eu, encontram barreiras quase intransponíveis para acessar seus direitos e reivindicar justiça. A luta por uma sociedade mais justa envolve não apenas a busca pela reparação de erros individuais, mas também a transformação das estruturas que perpetuam a desigualdade.

Para mim, continuar trabalhando em busca de uma justiça que abrace as populações vulneráveis é essencial. Isso pode envolver minha forma de advogar, de cultuar a minha religiosidade, a sensibilização da sociedade, a educação sobre direitos e mecanismos legais, e a promoção de políticas públicas que priorizem a inclusão e o respeito à diversidade. Ao enfrentar essas questões, sinto que cada esforço conta e pode contribuir para a construção de um sistema mais justo e acessível a todos nós.

4.2 DA INTOLERÂNCIA AO RACISMO RELIGIOSO NO BRASIL

As ofensas de Wladimir, assim como outras citadas nessa seção, não devem ser confundidas apenas com intolerância religiosa, pois são, antes de tudo, uma expressão de racismo que se manifesta na desumanização e na opressão das comunidades afro-religiosas, que, ao longo da história, foram alvo de uma série de violências físicas e simbólicas (Flor do Nascimento, 2017).

Durante o período colonial, as religiões africanas foram sistematicamente perseguidas, com esforços para cristianizar os africanos e desarticular suas comunidades. Essa repressão teve como consequência a marginalização dessas práticas religiosas, as quais se desenvolveram, por exemplo, com o Candomblé, formado por mulheres negras africanas escravizadas que adaptaram suas tradições no Brasil. Apesar de sua evolução e disseminação, a intolerância e o racismo religioso continuam a ser desafios enfrentados pelas comunidades de terreiro, refletindo as desigualdades sociais e raciais ainda presentes na sociedade brasileira (Sodré, 2002; Gaya, Vitoria, 2021; Barbosa, 2023).

O Candomblé, assim como outras manifestações religiosas de origem africana, passou por um processo de organização no século XIX, surgindo em diversos centros urbanos do Brasil, como São Luís, Recife, Salvador e Rio de Janeiro. Nesse contexto, os adeptos do Candomblé, que inicialmente eram africanos trazidos ao Brasil na condição de escravizados e, posteriormente, seus descendentes desenvolveram estratégias específicas para preservar e continuar suas práticas de culto ancestral (Campelo, 2014), sofrendo ataques racistas. Santos (2021, p. 108) afirma que:

> Historicamente os adeptos das religiões de matrizes africanas foram sumariamente marginalizados e perseguidos em prol de uma verdade única sobre os princípios religiosos e políticos que estavam em curso para a construção da nação. Os eventos de resistência promovido por esses religiosos ao longo das tramas históricas da construção do Brasil não foi – e não – é um fato destituído de contexto históricos antecedente, com conexões sócio-históricas de seus surgimentos.

A Igreja Católica, enquanto instituição predominante, frequentemente enxergava essas religiões como um perigo à sua autoridade e uma barreira ao modelo de "civilização" que defendia. Isso levou a esforços para eliminar e marginalizar essas práticas, vistas como "não civilizadas" ou até mesmo ligadas ao satanismo. Ademais, a Igreja recorreu a instituições de vigilância e mecanismos de controle social para impor suas diretrizes, utilizando estratégias de manipulação e controle sobre a população.

Além da repressão institucional, as elites sociais e intelectuais frequentemente mantiveram uma relação ambivalente com o Candomblé e outras religiões afro-brasileiras. Por um lado, havia um desprezo pela religiosidade de origem africana, vista como inferior; por outro, um fascínio pelo exotismo que essas práticas representavam, apreciadas muitas vezes na forma de espetáculo, mas sem um real entendimento ou respeito pela profundidade cultural e espiritual que representam (Gonçalves, 2007).

A resistência à diversidade religiosa não apenas fere os princípios fundamentais do Estado Democrático de Direito, o qual preza pela igualdade e respeito aos direitos humanos, mas também perpetua ciclos de injustiça e discriminação. O autoritarismo e o totalitarismo na defesa de uma única visão de mundo minam a convivência pacífica e enriquecedora que a pluralidade religiosa pode oferecer (Moraes, 2016).

Nos últimos anos, o aumento dos ataques a templos e praticantes dessas religiões, como o Candomblé e a Umbanda, é um fenômeno alarmante. Esses ataques muitas vezes se manifestam em vandalismos, agressões verbais e físicas, e até mesmo em campanhas de deslegitimação que buscam desacreditar as práticas e as crenças afro-brasileiras, associando-as a estigmas negativos (Barbosa, 2023).

A intolerância religiosa contra os povos e comunidades tradicionais de matriz africana de terreiro (POTMAS) está diretamente relacionada ao racismo e à discriminação. Esses fenômenos compartilham características e raízes comuns, como a formação de estereótipos negativos e generalizações sobre grupos específicos. Ambos resultam na desumanização de grupos considerados "diferentes", o que facilita a violência, a discriminação e a exclusão social.

Ainda que as religiões afro-brasileiras, como Candomblé e Umbanda, sofram discriminação crescente por parte de grupos cristãos e neopentecostais, isso frequentemente resulta de equívocos conceituais que as associam a práticas negativas sem fundamento. A intolerância religiosa pode precipitar atos de violência e vandalismo contra as tradições africanas, evidenciando a necessidade de um esforço coletivo para respeitar e proteger a diversidade religiosa.

O antropólogo Vagner Gonçalves da Silva (2007) elucida que as religiões afro-brasileiras emergiram como uma resposta resiliente e adaptativa a contextos de opressão e exclusão social. Originárias das tradições africanas, essas práticas religiosas se desenvolveram entre os povos que, ao serem trazidos para o Brasil na condição de escravizados, enfrentaram a desestruturação de suas culturas e crenças. Nesse cenário, as religiões afro-brasileiras surgiram da necessidade de criar mecanismos de sobrevivência espiritual e social, permitindo que esses grupos mantivessem sua identidade e suas tradições vivas.

Por meio da fusão de elementos africanos com influências indígenas e europeias, essas religiões não apenas preservaram saberes e rituais ancestrais, mas também se adaptaram ao novo contexto brasileiro. Isso se manifestou em práticas sincréticas, rituais vibrantes e uma profunda conexão com a natureza, evidenciando a resiliência e a criatividade das comunidades afro-brasileiras.

Além de servirem como um espaço de resistência cultural, as religiões afro-brasileiras também desempenharam um papel crucial na promoção de solidariedade entre seus adeptos e na construção de uma rede de apoio em meio a um ambiente hostil. Assim, as tradições afro-brasileiras se tornaram um importante componente da identidade nacional, representando a luta por reconhecimento, respeito e valorização das culturas afrodescendentes no Brasil.

Os praticantes de religiosidade de matriz africana exigem respeito e destacam a persistência do racismo, que chamam de "racismo religioso". Eles argumentam que outras religiões não cristãs não enfrentam o mesmo nível de preconceito. Essa discriminação, segundo eles, está relacionada à formação colonial e à divisão racial, que afeta a percepção sobre suas crenças religiosas (Fernandes, 2021).

Segundo Wanderson Flor Nascimento (2017), existe uma interconexão entre racismo e práticas de violência, especialmente no que diz respeito aos ataques direcionados às religiões de matrizes africanas. Assim sendo, o racismo não apenas perpetua a discriminação, mas também dificulta a compreensão das contribuições significativas que as culturas africanas trouxeram à sociedade contemporânea. Essa perspectiva é muitas vezes minimizada, reduzindo as ricas heranças culturais dos povos africanos a meras memórias ligadas ao trabalho escravizado, ou simplesmente ao lúdico, ao mero entretenimento sem compreensão do seu valor cultural.

Isso resulta em uma visão distorcida e limitada do impacto cultural e social que essas comunidades tiveram ao longo da história. A falta de uma resposta eficaz por parte do Estado é outro ponto crítico. Apesar de existir uma legislação que deveria proteger a liberdade religiosa, na prática, muitos casos envolvendo a violação desses direitos não são investigados ou punidos adequadamente.

Fernandes (2021) vai trazer três justificativas possíveis para sustentar a presunção do racismo religioso. A primeira diz respeito ao longo do tempo do processo histórico de marginalização que as práticas religiosas de matriz africana enfrentaram, tanto no âmbito social quanto institucional. A demonização das divindades africanas, promovida pela Igreja Católica, e a subsequente criminalização do exercício religioso, deixaram marcas e estigmas visíveis nessas tradições. O elemento africano presente nesses cultos é frequentemente identificado como o principal fator gerador do estigma associado a essas religiões.

A segunda justificativa refere-se à dificuldade de aceitação das diferenças relacionadas ao modo de ser, viver e estar no mundo dos povos e comunidades tradicionais de matriz ou matrizes africanas de terreiro. Essa resistência à aceitação das cosmovisões, cosmografias e cosmovivências típicas das matrizes africanas pelas religiões hegemônicas perpetua uma hierarquização fundamentada no poder e no capital. A coletividade que representa essas práticas religiosas torna-se alvo de discriminação, intolerância e etnocentrismo, revelando um padrão de racismo que se sustenta na noção de superioridade cultural.

Por fim, a terceira justificativa está ligada ao contexto histórico colonial racista e à africanidade carregada pela prática religiosa. As representações do negro, abrangendo aspectos como fenótipo, cultura e cosmovisões, são profundamente entrelaçadas aos sofrimentos, subalternizações e às explorações vivenciadas pelos africanos trazidos ao país. Essa caracterização grupal fortifica a discriminação, perpetuando a dinâmica de racismo que ainda persiste na sociedade.

4.3 O RACISMO RELIGIOSO COMO CRIME

O artigo 20, §2º, da Lei n. 7.716/1989, que tipifica a discriminação religiosa, passou a ser a base legal para a acusação contra Wladimir, o que, de certo modo, simboliza um reconhecimento institucional da gravidade das declarações.

O Brasil possui uma legislação que protege a liberdade religiosa, conforme a Constituição de 1988. O artigo 5º da Constituição garante que "todos são iguais perante a lei", assegurando que ninguém pode ser privado de direitos por conta de sua crença religiosa. A Constituição garante expressamente a liberdade de consciência e crença, o livre exercício dos cultos religiosos e a proteção aos locais de culto (artigo 5º, VI). Também estabelece que ninguém pode ser privado de direitos por motivo de crença religiosa, filosófica ou política, exceto quando usadas para eximir-se de obrigações legais (artigo 5º, VIII). A liberdade de culto envolve a manifestação de práticas próprias de cada religião.

O Estatuto da Igualdade Racial no Brasil, também conhecido como Lei n. 12.288/2010, define o racismo como uma ideologia que sustenta a hierarquia entre as raças, criando discriminação e privilégios de raça. De acordo com o estatuto, o racismo é crime inafiançável e imprescritível, ou seja, não pode ser perdoado ou apagado pelo tempo. Ele busca combater o racismo e promover a igualdade racial, eliminando todas as formas de discriminação racial.

O Código Penal, especificamente no artigo 208, tipifica condutas como escarnecer publicamente alguém por sua religião, impedir cerimônias religiosas ou vilipendiar atos ou objetos de culto, com pena de detenção de um mês a um ano ou multa.

No caso do racismo religioso, ele está estipulado pela Lei Caó (Lei n. 7.716/1989), que define e pune práticas de discriminação baseadas em raça ou cor. Recentemente, o Distrito Federal aprovou a Lei n. 7.226/2023, que busca enfrentar o racismo religioso de forma mais eficaz. Essa forma de racismo se manifesta por meio de ideias e condutas que discriminam e expressam ódio em relação a religiões específicas, especialmente aquelas de matrizes africanas, refletindo uma estrutura de discriminação racial mais ampla que atinge comunidades negras.

A Lei n. 7.716/1989 estabelece que serão punidos os crimes resultantes de discriminação ou preconceito de raça, cor, etnia, religião ou procedência nacional. No caso específico da violação por discriminação religiosa, a lei visa coibir qualquer tipo de tratamento injusto, preconceituoso ou discriminatório baseado na religião de uma pessoa. Dessa forma, qualquer ação que viole os direitos fundamentais de uma pessoa com base em sua religião pode ser considerada uma infração, sujeita a punição adequada.

A Lei n. 7.716, de janeiro de 1989, estabelece um marco legal no Brasil ao definir os crimes resultantes de preconceito de raça ou cor, demonstrando um compromisso do Estado em combater a discriminação racial. Essa legislação é uma resposta às persistentes desigualdades sociais e históricas enfrentadas pelas comunidades racialmente marginalizadas.

Uma importante atualização ocorreu em 21 de setembro de 1990 com a promulgação da Lei n. 8.081, que incluiu o artigo 20 à Lei n. 7.716. Esse artigo amplia e intensifica a proteção contra a discriminação, ao tipificar como crime a prática, indução ou incitação à discriminação ou preconceito relacionados a raça, religião, etnia ou procedência nacional, utilizando meios de comunicação social ou publicações de qualquer natureza. Essa inclusão é significativa porque torna explícitas as condutas que podem ser punidas sob a legislação, abrangendo uma gama mais ampla de ações discriminatórias.

Em contraste, enquanto o Código Penal brasileiro já abordava crimes relacionados ao sentimento religioso, tipificando ações como impedir, perturbar ou vilipendiar, a Lei n. 8.081 expande o espectro de ações puníveis no que tange à religiosidade, ao incluir termos como "praticar", "induzir" e "incitar". Isso demonstra uma evolução na legislação penal, que passa a reconhecer não apenas a ação direta de discriminação, mas também a potencial propagação de ideias ou comportamentos que fomentem o preconceito, refletindo uma postura mais proativa e abrangente no combate à intolerância religiosa e racial (Correa, 2008).

Dentro dessa perspectiva, as oferendas, conhecidas como ebós, fazem parte integrante das práticas tradicionais e religiosas desses povos. São rituais importantes para estabelecer um equilíbrio dinâmico entre o mundo material e espiritual. Essas práticas são baseadas na crença de que os seres humanos e os espíritos estão interligados, e é por meio dos ebós que estabelecemos uma comunicação com os seres espirituais e mantemos a harmonia.

É importante também trazer à lume o Orixá Exu, que na tradição africana é considerado o Elebô, aquele que transporta os ebós. Segundo Santos (2012), ele é um intermediário entre os seres humanos e os orixás, desempenhando um papel fundamental nas trocas necessárias para o equilíbrio espiritual. Quando as oferendas são tratadas de forma desrespeitosa, como sendo lixo, ou proibidas por agentes públicos, isso não apenas viola o direito dessas comunidades à prática de sua religião, mas também nega a importância cultural e espiritual desses rituais.

Portanto, a preservação da identidade e tradições dos povos de matriz africana e de terreiro é essencial para promover a diversidade cultural e a igualdade. É preciso garantir que suas práticas religiosas e culturais sejam reconhecidas e protegidas pelos Estados, de acordo com a legislação nacional (Lei n. 6.040/2007) e internacional (Organização das Nações Unidas, 1966). Além disso, é importante promover a educação e o diálogo intercultural, para que as pessoas possam conhecer e valorizar a riqueza dessas tradições.

Apesar de o Brasil ser um país livre e democrático, é necessário reconhecer que algumas minorias religiosas enfrentam obstáculos para exercer plenamente seus direitos. A discriminação contra religiões de matrizes africanas deve ser considerada como racismo.

Além de sua natureza penal, o caso Wlad abre espaço para reflexões fundamentais sobre aceitação, diversidade e a necessidade de educação em relação às tradições afro-brasileiras, frequentemente marginalizadas. O tratamento dispensado às religiões de matriz africana revela um cerne de preconceito que persiste na sociedade brasileira, desafiando os princípios de liberdade religiosa e dignidade.

Ao final, o caso Wladimir Costa não é apenas um evento que expõe as tensões sociais referentes ao racismo religioso; é também uma oportunidade para um diálogo mais amplo sobre a importância do respeito e da valorização das diferentes expressões religiosas que compõem o tecido cultural brasileiro. A Justiça, neste contexto, assume um papel crucial não só em responsabilizar atos de discriminação, mas também em promover a aceitação e a igualdade entre todas as crenças.

4.4 RELIGIÕES AFRO-BRASILEIRAS NO PARÁ E SUA RESPOSTA AO CASO WLAD

As práticas religiosas de origem africana presentes no estado do Pará incluem, entre outras, o culto da Mina, conhecido como Tambor-de-Mina, trazido por povos bantos que se disseminaram, sobretudo, entre os negros libertos em Belém e seus arredores, formando comunidades notáveis nos bairros da Pedreira e Icoaraci. O Candomblé, cujas raízes estão mais conectadas aos grupos yorubás, foi introduzido no estado principalmente por meio da migração de terreiros de outras regiões do Brasil, como a Bahia e o Rio de Janeiro, concentrando-se na região metropolitana de Belém, especialmente nos bairros da Cremação e Nazaré. Segundo Marilu Campelo e Taissa Luca (2007, p. 4):

> Considerar as religiões de matriz africana no Pará é obrigatoriamente pensar em duas tradições que se estabeleceram

> nesse território em diferentes momentos históricos: a Mina, a primeira a chegar em Belém por volta do século XIX, e o Candomblé, que encontrou seu espaço entre as décadas de cinquenta e setenta do século XX.
>
> Ambas as tradições, bem como a Umbanda, enfrentam contínuas formas de preconceito e perseguição, tanto da sociedade quanto de instituições religiosas dominantes. Mesmo diante de tais adversidades, estas comunidades persistem e se mantêm vivas, refletindo a diversidade cultural do estado. Notável é a trajetória histórica de resistência dos terreiros, onde a união em prol de um objetivo comum se torna fundamental para desafiar a opressão cometida por entidades dominantes.

Esse cenário é exemplificado quando os praticantes de religiões afro-brasileiras, convidados a participar de eventos públicos, são inicialmente celebrados, mas, ao retornarem aos seus locais de culto, ainda enfrentam severas violações de direitos, como registrado por Daniela Cordovil (2009).

Em resposta às contínuas violações de direitos, os Povos Tradicionais de Matriz Africana da região metropolitana de Belém (POTMAS) se organizaram. Esse esforço ganhou destaque após uma série de assassinatos de líderes espirituais e invasões a terreiros.

Por meio de uma mobilização nacional e internacional, especialmente durante as festividades do aniversário de Belém em 2017, os POTMAS foram tratados de forma hostil pela guarda municipal e pela polícia militar, enquanto grupos evangélicos promoveram um ato de intolerância religiosa.

O relatório do Grupo de Trabalho (GT), resultado dessas mobilizações, chama a atenção para a agressão e discriminação vividas pelos POTMAS, caracterizando operações de "exorcismo" e ataques verbais. As forças de segurança, em vez de proteger os direitos desses grupos, acabaram por colaborar com práticas que ferem a liberdade religiosa, em uma demonstração clara de racismo institucional.

Diante desse quadro, o Conselho de Segurança Pública do Estado do Pará aprovou a criação de um GT para investigar as infrações contra as comunidades de terreiros e estabelecer políticas públicas de proteção. O GT coletou relatos e evidências de violências, culminando em um relatório que trouxe recomendações voltadas à prevenção e combate ao racismo religioso.

Com a formação do Comitê Permanente e a elaboração do Plano Estadual de Combate ao Racismo Religioso, um decreto foi assinado em 2021, instituindo diretrizes que visam garantir direitos aos POTMAS e proporcionar mecanismos de combate à intolerância religiosa. O plano incorpora ações em áreas como saúde, educação e cultura, além de desenvolver um sistema de registro de violência. Apesar das dificuldades originadas pela pandemia da COVID-19, o Comitê continuou a promover diálogos e a envolver as comunidades afro-religiosas na formulação das políticas. O plano é inovador, colocando o Estado do Pará à frente no reconhecimento e proteção dos direitos dos povos tradicionais de matriz africana.

Em novembro de 2024, foi aprovado o Regimento Interno do Plano Estadual de Combate ao Racismo que afeta as populações tradicionais de terreiro do Estado do Pará, após discussões com representantes da sociedade civil e instituições públicas pelo Conselho de Segurança Pública e Defesa Social do Estado do Pará (CONSEP). A aprovação incluiu a posse do Comitê Gestor para a implementação das ações de curto, médio e longo prazo; espera-se que o plano seja efetivado, dada a continuidade das violências contra os POTMAS de terreiros no Pará.

Após o ato de racismo religioso envolvendo o Sr. Wladimir Costa, os POTMAS iniciaram ações para orientar lideranças a utilizar recursos disponíveis contra o racismo religioso, como o Disque 100 e o registro de Boletins de Ocorrência. Em 2 de dezembro de 2024, o Tribunal de Justiça confirmou a condenação no caso, levando as organizações AFAIA e Instituto Nangetu a protocolar uma Ação Civil Pública por Danos Morais por Racismo Religioso n. 0803908-64.2025.8.14.0301, registrada em 21 de janeiro de 2025 na Vara Cível de Belém.

5

ÈTÙTÙ: DANO MORAL E A LUTA POR REPARAÇÃO

Eita negro! quem foi que disse que a gente não é gente?
Quem foi esse demente, se tem olhos não vê.

(Parte do poema conversa de Solano Trindade)[40]

A presente seção visa analisar a importância da reparação de dano nos casos de racismo religioso no Brasil. "ÈTÙTÙ", palavra de origem yorubá, traz significações importantes que dialogam com as narrativas deste capítulo, como: gratificação, indenização, expiação e reparação. Um provérbio africano diz: *Ò se ebo ètùtù lódò Olórun* – "Ele fez uma oferenda de expiação a Olórun".

A escolha do nome do capítulo – "ÈTÙTÙ: dano moral e a luta por reparação" – reflete uma profunda conexão entre a cultura africana, em específico a yorubá, e o tema da reparação e da justiça social. A palavra "ètùtù" é carregada de simbolismo e história, especialmente no contexto das lutas por reconhecimento e justiça.

Rosenvald (2024), ao considerar o conceito mais amplo de responsabilidade civil, apresenta-o como um mecanismo que busca não apenas a reparação, mas também a prevenção de com-

[40] Francisco Solano Trindade nasceu em 24 de julho de 1908, no bairro de São José, em Recife-PE, filho do sapateiro Manoel Abílio e da doméstica Emerenciana Quituteira. A miscigenação está presente nas origens étnicas do autor: neto de negro e branca, pelo lado paterno; e negro e indígena, do lado materno. Estudou no Liceu de Artes e Ofícios da capital pernambucana, tendo concluído o equivalente ao ensino médio atual.

portamentos antijurídicos, a punição de condutas reprováveis e a proteção contra possíveis atividades potencialmente destrutivas. Essa abrangência demonstra que o papel da responsabilidade civil vai além da simples reparação, englobando aspectos essenciais voltados à promoção da convivência social harmoniosa e à preservação de direitos.

A prevenção de comportamentos impactantes à sociedade é uma preocupação central da responsabilidade civil. A interpretação dos institutos, tanto de direito público quanto privado, deve estar em conformidade com a Nova Ordem Constitucional de 1988, priorizando as relações sociais e o interesse da coletividade, além de considerar a função social dos institutos e a dignidade da pessoa humana. A proteção dos direitos da personalidade, que dá origem à indenização por dano moral, também é enfatizada.

Teoricamente, a pena possui uma função preventiva, que fundamenta a aplicação do dano punitivo no direito brasileiro. Assim, a pena pecuniária deve ser vista como uma resposta jurídica a comportamentos ofensivos, considerando não apenas o impacto sobre a vítima, mas também sobre a sociedade como um todo (Reis, 2011).

O Código Civil, em seu artigo 927, estabelece que a pessoa causadora de dano a outra por ato ilícito deve repará-lo, mesmo sem culpa, em determinadas situações previstas por lei. Essa norma é especialmente relevante no contexto da responsabilidade civil objetiva relacionada a ilícitos raciais ou religiosos, conforme destaca a dignidade constitucional.

A Convenção Interamericana contra o Racismo define discriminação racial como qualquer ato de distinção, exclusão ou preferência que limite o reconhecimento ou o exercício de direitos humanos em igualdade de condições. Essa definição abrange ações que discriminem com base em raça, cor, ascendência ou origem étnica, reforçando a necessidade de reparação por danos morais decorrentes de práticas de racismo, incluindo o racismo religioso (Silva, 2024).

5.1 A RESPONSABILIDADE INDIVIDUAL E ESTATAL DE ENFRENTAR O RACISMO RELIGIOSO

O racismo religioso é um ilícito que possui repercussões não apenas criminais, mas também cíveis. Segundo Hédio Silva Junior (2024):

> A responsabilidade pelo racismo é do Estado, das instituições públicas e privadas e dos indivíduos. A mencionada convenção interamericana contra o racismo, a Discriminação racial e formas correlatas de intolerância, inseriu no sistema jurídico a previsão constitucional de que a responsabilidade pelo racismo, incluindo o racismo religioso, deve ser atribuída primordialmente ao Estado, as instituições e aos indivíduos. Trata-se, conforme anotaremos em seguida de atribuição jurídica interna e internacional desde os anos sessenta, reprisando que o artigo 927 do Código Civil trata obrigação (dever originário) e responsabilidade (dever sucessivo) como sinônimos.

Esse entendimento é significativo, pois coloca o Estado no centro da luta contra o racismo, reforçando que ele deve ser o principal responsável por implementar a legislação e promover políticas eficazes que combatam essa violação de direitos. À noção de responsabilidade jurídica, a qual tem raízes no contexto jurídico interno e internacional desde os anos sessenta, evidencia-se que essa questão não é nova, mas, sim, um desafio persistente que requer atenção contínua e ação efetiva.

A analogia referente ao artigo 927 do Código Civil, o qual discorre da obrigação e responsabilidade, trata esses termos como sinônimos. Essa referência sugere que a responsabilidade é uma questão de dever, onde cada entidade – seja o Estado, instituições ou indivíduos – deve entender sua posição e sua obrigação em relação ao combate ao racismo. Sublinha-se a importância de um entendimento coletivo sobre a responsabilidade pelo racismo, argumentando que é um fenômeno estrutural e deve ser tratado de forma integrada por diferentes esferas da sociedade, enfatizando a urgência de uma responsabilização clara e ativa para erradicar ou mitigar essa forma de crime na sociedade.

A Declaração sobre a Eliminação de Todas as Formas de Intolerância e de Discriminação Fundadas sobre a Religião ou Convicção, adotada pela Assembleia Geral da Organização das Nações Unidas (ONU) em 1981, enfatiza a importância da liberdade religiosa e de crença como pilares essenciais para a construção de sociedades pacíficas, justas e harmoniosas. O preâmbulo deste documento ressalta que a intolerância e a discriminação baseadas em religião ou convicção não apenas ferem a dignidade humana, mas também ameaçam a convivência pacífica entre os diferentes grupos sociais e culturais (Silva, Braga, 2021).

Ao afirmar que a liberdade religiosa é fundamental para alcançar objetivos como a paz mundial e a justiça social, a Declaração sublinha a necessidade de respeitar e proteger as crenças e práticas religiosas de todos os indivíduos, promovendo uma cultura de diálogo e respeito mútuo. O reconhecimento da diversidade religiosa e a promoção da tolerância são, portanto, fundamentais para a construção de um mundo mais coeso e solidário, onde as diferenças são valorizadas e não usadas como pretexto para a divisão ou a violência.

Assim, a implementação dos princípios dessa Declaração é essencial para garantir que os direitos humanos sejam respeitados e promovidos, formando uma base sólida para a convivência pacífica entre os povos, independentemente de suas diferenças religiosas ou de convicção.

A liberdade religiosa no Brasil, especialmente em relação às religiões de matriz africana, é um tema que merece atenção e aprofundamento. Historicamente, essas religiões enfrentaram não apenas discriminação, mas também uma marginalização que se reflete em preconceitos e estigmas sociais. A Constituição Brasileira, em seu artigo 5º, garante a liberdade de crença e a livre manifestação do culto; no entanto, a aplicação desse direito muitas vezes é limitada devido à falta de compreensão e respeito por parte da sociedade e do sistema jurídico (Corrêa, 2008).

Dessa forma, a expansão do debate sobre a liberdade religiosa deve incluir uma análise crítica de como as instituições, tanto públicas quanto privadas, tratam as práticas religiosas afro-brasileiras. Portanto, a abordagem deve ir além do contexto das lutas raciais, considerando a diversidade religiosa enquanto parte fundamental da cultura brasileira e do patrimônio imaterial do país.

Além disso, a tutela jurídica ainda é insuficiente para proteger efetivamente as manifestações religiosas afro-brasileiras. Casos de intolerância religiosa, agressões e a depredação de terreiros de Candomblé e Umbanda, por exemplo, demonstram que, apesar das garantias constitucionais, a prática da fé de muitos brasileiros continua a ser ameaçada, e isso exige responsabilidade em uma visão individual e coletiva.

Ao mesmo passo que cabe ao Estado prevenir e tomar providências diante de episódios de racismo religioso, essa responsabilidade é também dos indivíduos. Assim como os danos produzidos em situações de racismo religioso são individuais, mas também coletivos, afetam toda uma comunidade religiosa.

Hédio Silva Jr. (2024) aborda a tese da Responsabilidade Civil Objetiva por Ilícito Racial e Religioso e algumas acepções importantes para a sua compreensão. O conceito de ilícito racial e religioso é abordado enquanto uma modalidade de ato ilícito, compreendida como uma conduta humana reconhecida juridicamente como danosa e passível de sanção, abrangendo aspectos administrativos, civis ou penais. O ato ilícito pode ocorrer tanto por ação quanto por omissão e, para sua caracterização, são necessários alguns pressupostos: a conduta (ação ou omissão), a culpa (que engloba dolo, imprudência, negligência e imperícia), a presença de um dano/resultados e o nexo de causalidade que vincula a conduta do agente ao resultado danoso.

Não há diferença ontológica entre o ilícito civil e o penal; o direito civil lida com atos consumados, enquanto o direito penal abrange tanto atos consumados quanto tentativas. Um ato ilícito pode acarretar responsabilidades nas esferas civil, penal, administrativa e disciplinar. O princípio da independência entre essas responsabilidades é garantido por leis, como o artigo 935 do Código Civil, o qual afirma que a responsabilidade civil é distinta da penal. Além disso, é possível buscar reparação civil por danos ocasionados por crimes após a condenação penal (Silva Jr., 2024).

Nesse sentido, o Estado possui instrumentos para punir a discriminação injusta e garantir reparação às vítimas, estando estas respaldadas pela Constituição e pelo Código Civil, os quais permitem que tanto indivíduos quanto entidades como organizações não governamentais (ONGs) e organizações religiosas promovam ações para obter compensação por danos decorrentes de discriminação racial ou religiosa. Tais entidades podem utilizar a legislação civil, trabalhista e administrativa para buscar sanções ou reparações completas, tanto individuais quanto coletivas.

No tocante ao ilícito racial e religioso, tratados internacionais implementados no Brasil trouxeram uma proteção específica para as vítimas de discriminação, unificando a defesa contra discriminação religiosa e étnico-racial. Esse reconhecimento legal visa equiparar as condições de tutela dos direitos das vítimas em situações de injustiça, promovendo um entendimento mais amplo e inclusivo sobre a violência e a discriminação que afetam indivíduos ou grupos com base em sua raça ou religião.

5.2 O DANO MORAL E OS *PUNITIVE DAMAGES*

Sergio Cavalieri (2012), em sua análise sobre o dano moral, propõe uma distinção importante entre os conceitos de dano moral em sentido estrito e em sentido amplo. No sentido estrito, o dano moral se configura como a violação do direito à dignidade da pessoa, abrangendo direitos fundamentais, como a honra, o nome, a intimidade, a privacidade e a liberdade. Essa abordagem enfatiza que a ofensa à dignidade humana pode ocorrer independentemente da experiência de dor, vexame ou sofrimento psíquico. Assim, mesmo que a vítima não sinta uma reação emocional evidente, a simples violação de seus direitos fundamentais já constitui, por si só, um dano moral.

Por outro lado, em sentido amplo, o dano moral pode incluir as implicações emocionais e psíquicas resultantes de tais violações, contemplando aspectos como angústia, aflição e sofrimento. Essa compreensão mais abrangente do dano moral leva em consideração a totalidade da experiência da vítima e as repercussões que a ofensa à sua dignidade pode ocasionar em sua vida.

Segundo Reis (2011), no âmbito da responsabilidade civil, o conceito de comando punitivo apresenta características distintas, fundamentando-se em um preceito genérico encontrado no artigo 927 do Código Civil. Desta forma, qualquer pessoa que, por meio de um ato ilícito, cause danos a outrem tem a obrigação de repará-lo. Assim, o Código Civil introduziu, de forma ampla, o instituto da reparação de danos, tanto materiais quanto morais. Essa abordagem não exige a enumeração de situações específicas para sua aplicação, o que, por sua vez, possibilita a inclusão do dano punitivo. Por conseguinte, a discussão sobre o caráter predominantemente penal do dano punitivo é considerada superada.

Os *punitive damages*, ou danos punitivos, são uma forma de indenização que visa, além da reparação do dano sofrido pela vítima, punir o responsável pela conduta ilícita e desencorajar práticas similares no futuro. Essa doutrina, que tem suas raízes no *common law*, foi desenvolvida para situações em que a conduta do agente é considerada especialmente reprovável, como em casos de dolo ou negligência extrema. No contexto brasileiro, a aplicação dos danos punitivos ainda é um tema controverso, visto que o sistema jurídico nacional é fundamentado no princípio da reparação integral do dano, previsto no Código Civil. No entanto, há discussões e tentativas de inserção desse instituto na legislação, especialmente quando se trata de danos que extrapolam o mero sofrimento material ou físico, como os danos sociais (Saldanha, 2019).

Os danos sociais referem-se aos prejuízos que afetam não apenas o indivíduo, mas também a coletividade, prejudicando o bem-estar social ou a ordem pública. Quando se fala em danos punitivos, a doutrina argumenta que eles podem ser uma forma eficaz de coibir comportamentos que gerem danos sociais, criando um desincentivo para práticas prejudiciais à sociedade. Nesse sentido, a articulação entre os danos punitivos e o dano social pode proporcionar uma nova abordagem para a responsabilização e reparação no âmbito jurídico brasileiro, permitindo que a justiça não só compense a vítima, mas também promova a responsabilidade social e a proteção do bem coletivo. A evolução desse debate é importante para a adaptação do direito brasileiro às demandas contemporâneas de justiça e equidade social (Reis, 2011; Brasilino, 2014).

O dano punitivo está atrelado à ocorrência do dano moral e reflete a compreensão da função da reparação em casos de violação de direitos da personalidade. O dano moral, o qual envolve ofensas à dignidade da pessoa, é o fundamento necessário para a aplicação de sanções punitivas. Nesse contexto, a sentença proferida na 8ª Vara do Trabalho da Zona Sul de São Paulo – SP condena uma empresa de segurança e um shopping a pagar R$ 10 mil de indenização por danos morais em virtude de racismo religioso, evidenciando essa relação. De acordo com os autos, um vigilante foi vítima de comentários ofensivos por parte do coordenador de segurança por usar camisetas da religião afro-brasileira Umbanda. Durante o expediente, o homem trabalhava uniformizado, o que destaca a gravidade da ofensa e a necessidade de reparação.

O dano punitivo, por sua vez, tem como objetivo não apenas compensar a vítima, mas também desestimular comportamentos lesivos à dignidade humana, promovendo, assim, a tutela dos direitos fundamentais. Essa relação entre dano moral e dano punitivo é importante para garantir que as sanções sejam proporcionais e justas, ao mesmo tempo em que se busca prevenir futuras infrações. A necessidade da ocorrência de um dano moral para a aplicação do dano punitivo destaca o princípio da dignidade da pessoa humana, previsto na Constituição, a qual serve como base para a proteção dos direitos individuais e coletivos (Reis, 2011).

O artigo 1º da Lei 7.347/85 aduz que a aplicação do dano moral coletivo dispõe de uma importante função na proteção de interesses que tenham causado lesões de cunho extrapatrimonial à coletividade. Nessa perspectiva, considera-se a abrangência dos interesses difusos e coletivos (*stricto sensu*), que englobam diversas áreas essenciais para a convivência social harmoniosa. As ações coletivas, portanto, têm como objetivo primordial a salvaguarda dos direitos e interesses da coletividade em situações que impliquem danos.

O alcance da proteção oferece uma gama variada de possibilidades, englobando lesões relacionadas ao meio ambiente, as quais afetam a qualidade da vida e da natureza, e às relações de consumo, nas quais direitos de consumidores podem ser infringidos. Além disso, abarca a preservação de bens de valor artístico, estético, histórico, turístico e paisagístico, que são fundamentais para a identidade cultural e patrimonial de uma sociedade.

As ações coletivas se estendem, ainda, à defesa de outros interesses difusos ou coletivos, abrangendo a ordem econômica e a proteção da economia popular, assim como a integralidade da ordem urbanística, que garante um desenvolvimento urbano estruturado e sustentável. Assim, a aplicação do dano moral coletivo se configura como um instrumento essencial para a promoção e a defesa de direitos que, quando agredidos, comprometem não apenas indivíduos, mas a coletividade como um todo. Essa abordagem reforça o papel da justiça social na reparação de danos e na busca por um equilíbrio nas relações sociais e econômicas (Camargo, 2016).

Camargo (2016) elucida que a proteção coletiva dos direitos individuais homogêneos possibilita que várias pessoas com direitos lesados sejam representadas em uma única ação judicial, substituindo diversas ações individuais. Isso permite a defesa de direitos que podem ser individualizados, mas com uma origem comum.

Andrade (2009) define o dano moral coletivo como uma violação que atinge bens e valores que são comuns a toda uma coletividade ou a parte dela. Essa definição enfatiza a ideia de que esse tipo de dano não se restringe a indivíduos isolados, mas, sim, a um patrimônio geral que é compartilhado entre todos os membros de uma determinada comunidade ou grupo social. Esse patrimônio é considerado coletivo e indivisível, reconhecendo que as experiências, direitos e dignidade dos indivíduos estão interligados em sua vida em sociedade.

O vídeo do Wlad debochando sobre o Ebó causou um dano moral coletivo, interpretável como uma ofensa que prejudica não apenas a Mametu Nangetu e a mim, que vivenciamos a agressão, mas também fere a harmonia e os direitos de todos os integrantes da coletividade dos POTMAS, os quais compartilham valores comuns e sociais; dessa forma, a proteção contra o dano moral coletivo torna-se essencial para a preservação da integridade das relações sociais e dos direitos fundamentais de um grupo, refletindo a importância da justiça e da responsabilidade social na convivência comunitária.

A aplicação dos danos punitivos no Brasil ficou intimamente relacionada às indenizações por dano moral. Nesse contexto, Camargo (2016) vai afirmar que o caráter punitivo passou a ser incorporado na avaliação do dano moral, o que resultou na configuração do dano punitivo, dispensando a necessidade de um pedido específico ou de uma fundamentação expressa na sentença. Os danos punitivos surgem, assim, de maneira implícita dentro da própria compensação por dano moral. A doutrina majoritária defendeu, portanto, a existência de um duplo caráter compensatório: um voltado para assegurar a reparação do sofrimento da vítima e outro destinado a punir o causador do dano, que, em virtude da condenação, enfrentou as consequências da ofensa que cometeu. Com esse mesmo viés, Reis (2011, p. 15) faz o seguinte comentário:

> Para que se possa falar em dano punitivo, esse não deve ser visto como uma indenização a título de danos morais causados à vítima, mas sim uma sanção pelos danos causados à sociedade! O dano moral deverá ser pago diretamente à vítima que ingressou com a ação, tendo esse caráter preventivo, punitivo e pedagógico. Ainda, assim, o dano punitivo, que não possui cunho de dano moral e sim de sanção, devendo ser pago pelo ofensor à sociedade ou à própria vítima dependendo do caso. O dano punitivo não possui cunho de dano moral, mas a ele está estritamente ligado.

Outra hipótese importante para o emprego do dano punitivo é a culpa grave do ofensor. Assim, a indenização punitiva deve ser reservada aos casos em que o agente age com dolo ou culpa grave, o que implica maior reprovabilidade social e censura. No dolo, o agente intencionalmente busca causar o dano e, portanto, merece uma sanção punitiva para que se abstenha de repetir a conduta. A culpa grave pode ser caracterizada por imprudência ou negligência grosseira, sendo ainda mais acentuada em casos de conduta reiterada do agente. Assim, o dano punitivo serve como sanção e instrumento preventivo.

Semelhantemente ao que ocorre nas ações civis públicas, em que a condenação em dinheiro é revertida para um fundo gerido por conselhos, o valor do dano punitivo seria depositado em um fundo destinado à melhoria de serviços básicos, como hospitais, escolas e saneamento. A indenização punitiva é aplicável ao direito brasileiro, fundamentada no princípio da dignidade da pessoa humana e na necessidade de reparação do dano moral, conforme previsto na Constituição como um direito fundamental (Reis, 2011; Camargo, 2016).

Considerando a gravidade, tendo como pano de fundo o caso do ex-deputado Wladimir Costa, flagrado em vídeo atacando práticas religiosas de matriz africana e o impacto causado em suas vítimas, a possibilidade de integrar os *punitive damages* nesse contexto se apresenta como uma ferramenta de desestímulo à reincidência de condutas discriminatórias, promovendo a responsabilização dos ofensores. Os *punitive damages*, ou danos punitivos, têm como objetivo não apenas reparar o dano sofrido pela vítima, mas também punir o autor da ofensa e dissuadi-lo de práticas futuras que perpetuem a intolerância e o desrespeito.

Num cenário em que a cultura do litígio predomina, a aplicação de danos punitivos em casos de racismo religioso poderia atuar como um elemento dissuasivo, reduzindo a incidência de ações discriminatórias ao criar um temor claro de consequências financeiras sérias. A condenação de Wladimir Costa, se acompanhada de uma pena punitiva, além de compensar as vítimas, também funcionaria como um sinal contundente da sociedade em relação à inaceitabilidade do racismo religioso e à sua condenação.

As vozes de testemunhas que se manifestaram em busca de justiça ressaltam a necessidade de um tratamento mais rigoroso em situações de discriminação religiosa. Os impactos emocionais e sociais da declaração de Wladimir alimentam a discussão sobre a necessidade de um sistema jurídico mais robusto, que se mostre capaz de proteger a diversidade espiritual e cultural do Brasil, promovendo um ambiente de respeito e igualdade.

Diante desse contexto, a proposição da aplicação de *punitive damages* nas ações civis públicas por danos morais relacionados ao racismo religioso não só visa a reparação das vítimas, mas também a construção de um arcabouço jurídico que combata efetivamente a intolerância e fomente a conscientização sobre a importância do respeito às diversas práticas religiosas no país. Essa abordagem, portanto, revela-se não apenas necessária, mas urgentemente contemporânea, fomentando a proteção dos direitos humanos e a igualdade religiosa em uma sociedade plural.

5.3 ENEGRECENDO A DIMENSÃO DE DANO MORAL

O processo histórico no Brasil, marcado pela escravidão e pela marginalização das populações afrodescendentes, resultou em uma série de danos sociais, culturais e econômicos que perduram até os dias atuais. A colonização europeia e a exploração do trabalho escravo contribuíram para a formação de uma sociedade estruturalmente desigual, na qual os afrodescendentes frequentemente enfrentam discriminação e exclusão.

A relação entre danos morais, materiais e responsabilidade civil no contexto do racismo religioso no Brasil evidencia a necessidade de proteção das tradições e crenças das populações de terreiro. Assim, é fundamental que haja reconhecimento e atuação tanto no âmbito jurídico quanto no social para combater a discriminação, garantindo reparações justas e apoiando a dignidade das comunidades afetadas. A educação e a conscientização também são ferramentas cruciais para mitigar o racismo religioso e promover um ambiente de respeito e pluralidade religiosa.

Para Rosenvald (2024, p. 269), "o elemento indispensável à eclosão da responsabilidade civil é o dano". A análise aprofundada do dano, suas características, causas e a relação com a responsabilidade permite compreender o papel essencial que desempenha na busca por justiça e reparação nas relações sociais afetadas por atos lesivos. De certo modo, a existência do dano serve como base que fundamenta a necessidade de proteção dos direitos e interesses de indivíduos dentro da sociedade (Rosenvald, 2024).

Em um sentido mais amplo, Antunes (2024, p. 80) conceitua o dano como:

> O dano é o prejuízo injusto causado a terceiro, gerando a obrigação de reparar. A visão tradicional indica que ele é uma situação de fato essencialmente negativa, pois o dano acarreta um desvalor. Ele é a variação, moral ou material, negativa que deverá ser, na medida do possível, mensurada de forma que se possa efetivar a sua recuperação ou o seu ressarcimento. O dano é uma categoria jurídica em expansão, pois frequentemente surgem novos "danos".

"A reparação do dano é instituto pertinente ao Estado de Direito, especialmente à concepção de proteção dos direitos e da imposição de deveres" (Santos; Coelho, 2022, p. 428). Nesse sentido, Mello (2019) afirma que ninguém deve interferir legitimamente na esfera jurídica de outrem sem o consentimento do titular ou uma autorização legal. Isso implica que existe um dever jurídico genérico e absoluto que obriga todos a respeitar os direitos e deveres dos outros, evitando causar danos. Portanto, a proteção das esferas jurídicas individuais é essencial para a manutenção da ordem e da justiça nas relações sociais.

O conceito de dano moral, segundo Carlos Roberto Gonçalves (2009), refere-se à lesão que atinge a esfera pessoal do ofendido, sem causar prejuízos ao seu patrimônio material. O dano moral está relacionado a direitos da personalidade, os quais incluem aspectos fundamentais como honra, dignidade, intimidade, imagem e bom nome. Esses direitos são resguardados pela Constituição Federal do Brasil, conforme se pode observar nos artigos 1º, III, e 5º, V e X.

Quando uma pessoa sofre dano moral, a combinação de sentimentos negativos é uma característica marcante desse tipo de lesão. O ofendido pode experimentar dor, sofrimento, tristeza, vexame e humilhação, evidenciando o impacto psicológico e emocional da ofensa. Tais experiências não são apenas passagens de desconforto momentâneo, mas geram efeitos que podem perdurar ao longo do tempo, afetando a qualidade de vida e a integridade emocional do indivíduo (Bittar, 2015; Tartuce, 2023).

A caracterização do dano moral implica que a violação dos direitos da personalidade é, por si só, suficiente para ensejar uma reparação. Isso significa que a injustiça não precisa ser acompanhada de um dano material direto para que haja responsabilização. Assim, o ordenamento jurídico brasileiro prevê que a reparação por danos morais deve considerar a extensão da dor e do sofrimento sofridos pelo ofendido, bem como o contexto em que a ofensa ocorreu, a fim de se alcançar uma compensação justa e adequada (Bittar, 2015).

A relevância da proteção dos direitos da personalidade em uma sociedade que valoriza a dignidade da pessoa humana faz um elo entre a norma positiva e a proteção emocional dos indivíduos. Portanto, o dano moral se encaixa em um quadro mais amplo de direitos que devem ser respeitados e protegidos, destacando não apenas a necessidade de uma abordagem reparatória, mas também a importância da prevenção de tais danos por meio da educação e sensibilização sobre os direitos da personalidade (Tartuce, 2023).

O direito à personalidade é um conceito fundamental dentro da ordem jurídica, que diz respeito ao reconhecimento de que todos os seres humanos possuem uma dignidade intrínseca e, portanto, direitos inerentes à sua existência. Maria Helena Diniz (2005) destaca a importância de a personalidade ser reconhecida em todas as pessoas, independentemente de sua condição social, raça, gênero ou qualquer outro fator. Esse reconhecimento é consagrado tanto na legislação civil quanto nos direitos constitucionais.

A personalidade jurídica é o status que os indivíduos possuem dentro do ordenamento jurídico. Com ela, os seres humanos são dotados de capacidade para exercer direitos e obrigações. Isso significa que, como titulares de direitos, todos têm asseguradas garantias essenciais, como o direito à vida, à liberdade e à igualdade.

Esses direitos são fundamentais para a promoção da dignidade humana e são a base para a convivência social e jurídica.

A consagração desses direitos na legislação civil é um reflexo do compromisso de um Estado em respeitar e proteger a dignidade de cada indivíduo. No contexto dos direitos constitucionais, os direitos à vida, à liberdade e à igualdade são considerados direitos fundamentais que não devem ser violados, servindo como pilares para a construção de uma sociedade justa e igualitária (Rosenvald, 2024).

"Os danos materiais ou patrimoniais constituem prejuízos ou perdas que atingem o patrimônio corpóreo de uma pessoa natural, pessoa jurídica ou até mesmo um ente despersonalizado" (Tartuce, 2023, p. 325). A análise constitucional do princípio da reparação integral dos danos pode ser fundamentada nos preceitos do artigo 5º da Constituição Federal de 1988. Este artigo, especialmente em seus incisos V e X, garante o direito à indenização por danos materiais, morais e à imagem, assim como a proteção contra violações à intimidade, à vida privada, à honra e à imagem. O inciso V assegura que qualquer pessoa que sofrer danos, seja de natureza material ou moral, tem o direito de receber uma compensação. Já o inciso X enfatiza a necessidade de reparação integral em casos que envolvem a violação de direitos fundamentais, como a proteção à intimidade e à honra.

A dignidade da pessoa humana, consagrada no inciso III do artigo 1º da mesma Constituição, é um dos pilares que sustenta esses direitos, reforçando a importância da reparação como um aspecto essencial para a manutenção da dignidade e integridade dos indivíduos. Quando se trata de danos materiais, a doutrina jurídica frequentemente prefere o termo "ressarcimento". No entanto, o uso do termo "reparação" para danos materiais não é incorreto. Por outro lado, é importante evitar o uso da expressão "ressarcimento" ao se referir a danos morais ou outros danos de natureza imaterial, sendo mais apropriado falar em "reparação" nesses casos (Tartuce, 2023).

Todavia, é fundamental enegrecer a dimensão do dano moral. Nesse sentido, torna-se indeclinável avaliar como o processo histórico da escravidão no Brasil deixou uma marca permanente nas relações jurídicas e sociais do país, cujas consequências se perpetuam até a contemporaneidade. O legado do escravismo se manifesta por meio de diversas mazelas, as quais ainda impactam diretamente as esferas moral e material da vida dos indivíduos e da sociedade como um todo, sendo fundamental reconhecer que o dano causado pela escravidão não se restringe ao passado; suas repercussões continuam a afetar as relações raciais, sociais e jurídicas até os dias de hoje.

Abdias do Nascimento (2016, p. 57) cauciona que "no Brasil, é a escravidão que define a qualidade, a extensão e a intensidade da relação física e espiritual dos filhos de três continentes que lá se encontraram". O período escravocrata no Brasil teve um impacto profundo e devastador sobre a população negra, a qual desempenhou um papel fundamental na formação da economia do país, desenvolvida sob a exploração dos povos africanos. Esses trabalhadores forçados foram responsáveis por construir as bases da nova sociedade brasileira, cultivando a terra, colhendo riquezas e sustentando a economia, enquanto a aristocracia branca se beneficiava exclusivamente de seu trabalho.

A desumanização dos africanos na condição de escravizados era uma característica central desse sistema. Rotulados como sub-humanos, eles eram considerados meramente como força de trabalho desprovida de qualquer reconhecimento como indivíduos, com direitos e dignidade. Essa perspectiva resultou em condições de vida extremas, caracterizadas por violência, exploração e abuso. As altas taxas de mortalidade entre eles foram consequência direta do tratamento cruel, da falta de cuidados, da superexploração e da degradação física e emocional a que eram submetidos.

As mulheres africanas enfrentavam uma dupla opressão: além de serem exploradas como trabalhadoras, muitas eram também vítimas do abuso sexual dos senhores escravocratas, que as viam como simples objetos de prazer e mercadorias. Essa situação não apenas reforçava o controle da classe dominante sobre seus corpos e seus destinos, mas também comprometia a estrutura familiar e a continuidade da comunidade afro-brasileira, necessária para a preservação da cultura e das relações sociais.

A exploração econômica se estendia à utilização de mulheres negras como prostitutas, uma prática que evidenciava o desprezo da elite colonial pela dignidade da população negra. Esse aspecto da cultura escravocrata revela a ganância e a indiferença da classe dirigente, a qual se sustentava economicamente às custas da vida e da autonomia dos africanos na condição de escravizados (Nascimento, 2016). Mesmo após a Lei Áurea, Lei n. 3.353, decretada em 13 de maio de 1888 e que aboliu a escravidão no Brasil, as violações de direitos da população afrodescendente perduraram. Assim, Pires (2013, p. 235) afiança:

> Algumas das reivindicações que se fazia após a escravidão de concessão de apoio público para a incorporação do negro no mercado de trabalho, para garantir o acesso à terra e à educação foram transferidas para o grupo social visto como capaz de trazer o progresso: os imigrantes.

Os danos causados à população negra durante o período escravocrata brasileiro foram, portanto, imensos e multifacetados. Além da subjugação física e econômica, houve a desintegração de laços familiares, a brutalização das relações sociais e a consolidação de um legado de trauma que perdura até os dias de hoje. A luta por reconhecimento, reparação e justiça social constitui um desdobramento dessa história brutal que, infelizmente, ainda ecoa nas desigualdades contemporâneas do Brasil.

No contexto do dano moral, o sofrimento psicológico e emocional das populações afrodescendentes, resultante do histórico de opressão e discriminação, configura uma realidade que exige reconhecimento e reparação. A exclusão, o racismo estrutural e os estigmas sociais gerados por séculos de discriminação produzem impactos negativos na autoestima, no sentimento de pertencimento e na dignidade das pessoas. Assim, a luta por reparação moral representa não apenas um pleito jurídico, mas também um instrumento de justiça e reconhecimento por esses danos inegáveis.

O dano material, por sua vez, se reflete nas desigualdades econômicas que persistem na sociedade brasileira. A escravidão não apenas negou a liberdade, como também impediu a acumulação de bens e a construção de patrimônios por parte dos escravizados e de seus descendentes. As disparidades no acesso a oportunidades, educação e renda – ainda visíveis nas comunidades afro-brasileiras – constituem um reflexo direto desse passado.

No que se refere às religiosidades tradicionais de matriz africana, as tentativas de dizimar essas expressões culturais e espirituais do cenário nacional persistem até a modernidade. Dessa forma, Corrêa (2008, p. 114) faz a seguinte assertiva:

> Os ataques às religiões de matriz africana possuem fortes conteúdos racistas, reforçado o preconceito contra os negros e, de maneira geral, contra símbolos da herança africana. que guardam relações com essas religiões. As agressões não sugerem somente o cerceamento do próprio ato de professar a fé, objetivando a negação do seu credo e aceitação da ética religiosa do outro, considerada como adequada, verdadeira e redentora no mercado concorrencial religioso, mas o redimensionamento para valores correlacionados à moral tipicamente eurocêntrica (cristã e branca).

O professor Sidnei Nogueira (2023) afirma que as perseguições enfrentadas pelos povos e comunidades tradicionais de terreiro de matriz africana exemplificam o racismo epistêmico, que marginaliza os conhecimentos de grupos ligados à ancestralidade negra. Esse racismo religioso manifesta-se como uma luta contra suas práticas culturais e religiosas. Apesar das tentativas de apagar suas tradições, as comunidades de terreiro mantêm vivas suas identidades e significados, formando um "quilombo epistemológico" que representa resistência cultural e a valorização do conhecimento africano presente em suas práticas cotidianas.

A questão do racismo religioso contra as religiões de matriz africana no Brasil é, sem dúvida, um tema que demanda atenção e ação efetiva por parte de diversos setores da sociedade, incluindo o sistema judiciário e o Ministério Público. Os povos e comunidades tradicionais de terreiro de matriz africana enfrentam preconceitos e discriminações que se manifestam não apenas na esfera social, mas também em ações institucionais que refletem um racismo enraizado (Moraes, 2008; Corrêa, 2008).

O aumento das demandas judiciais indica uma maior conscientização e mobilização das comunidades de terreiro, as quais buscam não apenas reparação por danos morais, mas também reconhecimento e respeito por suas práticas e crenças. A luta contra o racismo institucional é crucial, pois envolve a desconstrução de preconceitos arraigados dentro das próprias instituições que deveriam proteger direitos, como o Judiciário e o Ministério Público (Corrêa, 2008).

Para que essas instituições desempenhem o papel que lhes cabe no enfrentamento ao racismo religioso, é essencial que adotem tecnologias e práticas antirracistas. Isso inclui a capacitação de seus membros para reconhecer e combater os preconceitos, a implementação de políticas públicas para garantir a proteção das comunidades de matriz africana e a promoção de um diálogo intercultural que valorize a diversidade religiosa.

Nesse sentido, o dispositivo de racialidade desencadeia múltiplas interdições que afetam diretamente o negro em diversas dimensões: como ser humano, sujeito, portador de direitos, bem como em suas capacidades morais, políticas e cognitivas. Essas interdições atuam como mecanismos de exclusão e se manifestam tanto na produção de discursos quanto nas práticas sociais, levando à marginalização de indivíduos e grupos que são vinculados à anormalidade e à desrazão. As interdições são, portanto, fundamentais na construção de um imaginário social que naturaliza a percepção de inferioridade dos negros. O racismo, por sua vez, se sustenta nesse imaginário aterrorizante, historicamente construído pelos europeus em relação aos povos e ao continente africanos (Carneiro, 2023).

Assim, é crucial compreender que a ideia da África como um continente "sem história" é profundamente falaciosa. As evidências arqueológicas demonstram que a vida humana, tal como conhecemos, teve suas origens na África, onde se desenvolveram as primeiras comunidades, linguagens e ferramentas. Civilizações como o Egito Antigo, o reino de Axum e grandes impérios como o Mali e Songhai são exemplos claros de sociedades africanas sofisticadas que trocaram e interagiram com outras civilizações ao redor do mundo. Além disso, as contribuições africanas para a ciência, a arte, a filosofia e a religião são vastas e merecem reconhecimento.

A perpetuação desses estereótipos, que frequentemente aparecem em discursos acadêmicos, culturais e populares, serve para justificar a marginalização e a opressão dos povos africanos e suas diásporas. Essa estigmatização se reflete não apenas em preconceitos raciais e sociais, mas também em desigualdades estruturais ainda persistentes na sociedade contemporânea. As concepções errôneas de um continente atrasado e homogêneo dificultam a valorização da diversidade cultural e das contribuições dos africanos para a história global.

A busca pela desconstrução dessas narrativas é uma tarefa urgente e necessária, pois permite uma reavaliação das contribuições africanas e promove uma compreensão mais holística e justa de suas histórias. A historiografia contemporânea deve, portanto, desafiar as abordagens eurocêntricas, reconhecendo e celebrando a rica tapeçaria de culturas, tradições e inovações que emergiram da África. Somente assim poderemos avançar na busca por uma representação mais equitativa e verdadeira da história dos povos africanos, reconhecendo-os não como meros espectadores, mas como protagonistas de suas próprias narrativas e da história universal (Siqueira, 2015).

A invisibilização de identidades raciais ocorre de várias maneiras. Uma estratégia comum é a negação de experiências e contribuições de grupos racializados, que são frequentemente minimizados ou omitidos da narrativa histórica dominante. Muniz Sodré (2023, p. 158) explicita que:

> Negar a existência de "pessoa" equivale a tornar invisível o indivíduo nas interações sociais, São diversas as estratégias semióticas dessa negação. Na América escravistas e mesmo depois da abolição, era habitual o senhor branco atribuir um nome latino ao servo para identificá-lo exatamente pela estranheza onomástica. Ou então, depois, recusar títulos de cortesia como "o negro Tal", a negra Tal". Assim como também interpelar apenas pelo pronome, negando a existência de qualquer sobrenome.

Nesse sentido, existem táticas que se manifestam de maneiras diversas de invisibilização nas relações raciais nos Estados Unidos. As táticas de negação da existência do "outro" nos contextos examinados revelam uma cultura opressiva que perpetua a desumanização e a invisibilidade. Esses mecanismos, tanto linguísticos quanto sociais, ao invalidarem a individualidade, contribuem para a preservação de hierarquias e desigualdades, cujos efeitos ainda se fazem sentir nas interações sociais do presente.

5.4 MEIOS PARA EFETIVAR RESPOSTA JURISDICIONAL AOS CASOS DE RACISMO RELIGIOSO A PARTIR DO EBÓ COMO PARADIGMA

Os impactos resultantes das declarações de Wladimir Costa em relação às práticas religiosas da população de terreiro do Pará afetam profundamente tanto a esfera material quanto a moral. É essencial reconhecer que, apesar da dificuldade de mensurar esses danos de maneira concreta, a ausência de um percurso de estudo adequado para tal avaliação não diminui a urgência em buscar alternativas para compreender sua magnitude. As afirmações desrespeitosas e o vídeo publicamente divulgado contribuíram para um aumento preocupante de seguidores que compartilham de sua visão intolerante, o que, por sua vez, agrava a já delicada situação de discriminação e violência contra as religiões de matriz africana.

Essa situação não apenas compromete a liberdade de expressão da fé, mas também impacta diretamente a sobrevivência dos terreiros, os quais dependem das contribuições e da presença de seus fiéis. As despesas operacionais desses espaços sagrados são substanciais e incluem elementos essenciais como velas, gás, água e outros insumos necessários para a realização dos rituais. Além disso, o efeito psicológico das declarações provoca um desgaste emocional significativo, com muitos membros da comunidade relatando tristeza, raiva e vergonha. Para uma criança ou um adolescente que assiste a esse vídeo, as lições aprendidas podem ser prejudiciais e reforçar uma cultura de intolerância e discriminação.

Até o momento, foi possível condenar Wladimir Costa no âmbito penal, porém a expectativa é que a Justiça também reconheça sua responsabilidade civil. Enquanto figura pública, é esperado que suas atitudes reflitam respeito pela diversidade e pelos direitos dos cidadãos, uma vez que ele já ocupou um cargo de relevância como deputado federal. Na condição de influenciador, suas palavras deveriam ser educativas e promotoras do bem-estar coletivo.

Dessa forma, a busca pela reparação moral por meio de ação judicial não é apenas uma reivindicação por justiça; é uma forma fundamental de reconhecer a gravidade dos danos perpetrados, uma vez que a Constituição Federal do Brasil garante a todos o direito à liberdade de crença e religião e promete proteção contra discriminação religiosa, especialmente no que diz respeito às religiões de matriz africana. Este caso, em particular, adquire uma complexidade adicional, pois envolve a intersecção entre religiosidade e questões raciais.

Face a esse contexto, a responsabilidade civil deve ser tratada de forma a refletir o caráter tanto punitivo quanto pedagógico das indenizações. É crucial que o Estado, representado pelo Judiciário, reconheça e contribua para a reparação dessas ofensas, garantindo não apenas justiça, mas também dignidade e respeito às tradições e expressões culturais da população de terreiro do Pará.

No cenário das tradições afro-brasileiras, o sistema nagô se destaca pela sua profunda conexão com práticas que visam à resolução de conflitos, sendo o Ebó um elemento central nesse processo. Este ritual não se limita a uma simples oferta, mas se capta como uma ação que busca restaurar a harmonia entre os indivíduos, as divindades e as próprias comunidades. Assim, o Ebó é fundamental para manter as relações sociais equilibradas, reforçando a ideia de que a reparação é necessária não apenas no plano espiritual, mas também na esfera social e jurídica.

A prática do Ebó oferece uma rica abordagem para repensar a justiça dentro da sociedade contemporânea, especialmente quando se trata de questões como o racismo religioso. A partir do entendimento de que o Ebó é um meio de reparar e restaurar relações, podemos conceber e proceder um modelo de justiça que não apenas se limita à punição de comportamentos discriminatórios, mas também busca reconhecer injustiças passadas e promover a reparação. Dessa forma, a aplicação dos princípios do Ebó na justiça pode fomentar uma ação mais restaurativa, garantindo que as vítimas de discriminação tenham espaço e voz para suas narrativas e experiências.

Para efetivar essa abordagem restaurativa inspirada no Ebó, diversas medidas podem ser desenvolvidas. Isso inclui a capacitação de agentes públicos sobre a importância das práticas religiosas afro-brasileiras e a criação de centros de mediação para resolver conflitos que surjam a partir de práticas discriminatórias. Além disso, é crucial que políticas de reparação reconheçam os danos históricos causados pelo racismo religioso, oferecendo suporte às comunidades afetadas. Ao adotar o Ebó como paradigma para resolução de conflitos, não só se promove a justiça, mas também se amplia a compreensão e o respeito pela diversidade cultural e religiosa. Assim, essa prática antiga pode iluminar caminhos para a construção de um futuro mais justo e harmonioso para todos e todas.

Não obstante, o dano coletivo às religiões de matriz africana demanda uma resposta que ultrapasse a mera condenação dos agressores. Há uma necessidade premente de se implementar medidas que fomentem a conscientização e a educação sobre a relevância e a valorização dessas tradições religiosas. Seguindo tal lógica, é essencial que haja um combate ativo ao racismo religioso, com iniciativas que promovam o respeito e a diversidade cultural.

Dessa forma, a sociedade pode não apenas reconhecer a riqueza das religiões de matriz africana, mas também contribuir para a construção de um ambiente mais justo e inclusivo, onde todas as formas de crença sejam respeitadas e preservadas. Ao se engajar nessas ações, a coletividade busca não apenas reparar os danos causados, mas também construir um futuro em que a intolerância religiosa seja efetivamente combatida, permitindo que as religiões de matriz africana floresçam e sejam plenamente reconhecidas em sua importância cultural e espiritual.

A partir dos diálogos realizados com lideranças religiosas de tradições de matriz africana e com advogados/as, foi possível identificar a categorização do Quadro 1 a seguir:

Quadro 1 – Categorização das falas das Lideranças Afro-religiosas de Nações da Região Metropolitana de Belém-PA

	NAÇÕES						
	Ketu	**Angola**	**Jeje Savàlu**	**Umbanda**	**Tambor de Mina**	**Pajelança**	**Nagô Fon**
Tema Social	Racismo	Desigualdade	Violência	Sustentabilidade	Educação	Coletividade	Cultura e Identidade
Trecho de fala	"Vocês sabem o que é racismo, não sabem? [...] Eu estou saindo daqui agora, coordenadora, estou indo na delegacia registrar um boletim de ocorrência. Já acionei meu tio, que é advogado. E vou colocar a escola como precursor, não é, doutor? Precursor desse crime? [...] Então, gente, aquilo que eu falei ainda agora, se a gente não se impõe muito? É muito, muito, muito difícil"	"Sou de movimento social, sou estudante. Mas eu não tenho um emprego fixo, eu não tenho uma renda fixa. [...] A forma do desemprego, por que como é que a gente também se mantém na religião? [...] E aí, a gente perpassa, né? Por esses caminhos da... da violência material do bando. Material pra gente vem pelo desemprego, por que como é que a gente também se mantém na religião?"	"É justamente tem esse... essa... essa questão de várias camadas de violência. Não é? Várias camadas de violência. [...] a gente sabe que a questão da violência, ela tem vários impactos na vida da gente, não só do ponto de vista físico, mas também emocional, né? Quando a gente passa por uma situação de violência de direito humano, é isso... Incide no nosso Ori, isso incide no nosso Ori e isso abala vários aspectos da nossa vida".	"Então, gente, isso [a falta de meio ambiente e o ato do Wald Costa com o ebó] também causa evasão de terreiro, porque é o impacto da violência. [...] E isso, lógico, isso impacta também, né, na estrutura do... dos nossos terreiros, entendeu? Não é só o impacto do vídeo, não é só o impacto da clientela, que é muito importante, sim, mas é um impacto da permanência das pessoas no... no... no terreiro, dos filhos, principalmente, que estão iniciando um percurso que já não é fácil, principalmente no início".	"Que por mais que a gente seja violentado no nosso direito, mas a gente sempre enfrentou que eu digo, muitos vieram antes de nós e nós estamos aqui por causa deles! E agora o nosso papel é pensar na geração que virá, porque a nossa luta é intergeracional, e eu falo porque vieram meus avós... vieram, meus bisavós vieram, não é? Minha mãe, meu pai".	"Eu acho que a gente tem que pensar nesse sentido coletivo. E isso é uma construção coletiva". "Então é hora, assim de repensar nossa postura. É querer ter alguém que nos... não só quem seja mais uma. Seja como uma população toda ou um grupo de parlamentares, de gestores, de políticos que nos represente e que esteja olhando pra gente interessado em manter os nossos direitos como um só?"	"Hoje, nas minhas redes sociais, eu sou do Axé, eu faço questão de estar, né? Eu estava em outro trabalho, até mesmo com uma pessoa de dentro do axé, por isso que eu demorei um pouco pra chegar. Mas estou e... e sou".
Ação Proposta	Mobilização comunitária	Educação sobre direitos (Letramento Racializado)	Mudança das políticas de segurança	Projetos de inclusão e sustentáveis	Reformas no sistema educacional	Formação continuada para as lideranças comunitárias	Valorização das culturas locais e tradições

Fonte: elaborado pelo autor (2024)

A partir das categorizações formuladas, uma forma geral de reparação é a criação de políticas públicas que promovam a inclusão e o respeito às religiões de matriz africana, garantindo a igualdade de direitos e oportunidades para seus praticantes. Além disso, é fundamental fortalecer o ensino sobre a cultura afro-brasileira nas escolas, promovendo a valorização e o respeito às tradições religiosas dessas comunidades.

Assim, a proposta de ação "Reformas no sistema educacional" vislumbra uma perspectiva que, para alguns, pode parecer utópica, mas que se apresenta como concreta em nossos sonhos e anseios: a construção de um sistema educacional mais inclusivo e menos discriminatório, onde a cor da pele ou os trajes tradicionais não sejam considerados definidores do caráter da pessoa – seja este julgado positiva ou negativamente a partir de parâmetros sociorraciais historicamente construídos.

Essas ações contribuem para a preservação e valorização da cultura afro-brasileira, cujo ensino já é obrigatório desde 2003 em todas as unidades escolares públicas e privadas. Todavia, até o presente momento, tal medida ainda não foi plenamente efetivada (Lei n. 10.639/2003). Nesse sentido, essa abordagem, além de fortalecer a resistência contra o racismo religioso, também é fundamental para que a sociedade como um todo se mobilize no combate à intolerância, denunciando casos de discriminação e apoiando as vítimas.

A conscientização e a sensibilização da população são essenciais para a construção de uma sociedade mais justa e igualitária. Não obstante, a proposta de ação apresentada pela liderança Jeje Savalu acerca de uma "Mudança das políticas de segurança pública" interfere diretamente no despreparo no acolhimento às denúncias de racismo apresentadas por aqueles que buscam apoio e devidas providências judiciais e administrativas.

A falta de letramento, tanto daqueles que possuem direitos quanto dos que deveriam atuar em sua garantia, ocasiona um processo violento de revitimização das pessoas afro-religiosas. Estas, por vezes, chegam a me ligar – aqui peço licença para me posicionar como líder afro-religioso – e perguntar: *"Bàbá, eu posso tocar meu atabaque?"* Tal questionamento me atravessa ferozmente, pois, em um país dito laico, muitos dos nossos ainda têm medo de exercer a sua liberdade de culto (art. 5º, VI, CRFB, 1988).

Logo, a abordagem supracitada dá ensejo à proposta de ação "Formação continuada para as lideranças comunitárias", a fim de que possam se munir das informações básicas para o efetivo exercício da cidadania e a conquista de direitos equitativos e igualitários, nos termos da CRFB/88, em consonância com os fundamentos do Estado Democrático de Direito. Essa ação é essencial porque se trata de populações vulnerabilizadas, de modo que as políticas públicas, ainda que criadas em seu favor, muitas vezes não as alcançam efetivamente, visto que, em sua maioria, são pessoas pretas, pobres, periféricas e (semi)analfabetas.

Dessa forma, é interessante analisar um edital divulgado em 2024, *in verbis*:

Figura 1 – Edital de Seleção n. 05/2024 Sabores e Saberes

2. DO OBJETO

2.1. Promoção da Proteção e Preservação do Patrimônio Cultural Material e Imaterial dos costumes e das tradições dos Povos e Comunidades Tradicionais de Matriz Africana e Povos de Terreiros, por meio da seleção e premiação de 55 (cinquenta e cinco) iniciativas culturais das comunidades de Matriz Africana e Povos de Terreiros, registradas em vídeos e relatos da comida de terreiro, bem como o cardápio desenvolvido e difundido na comunidade onde a organização está implantada, segundo as regras estabelecidas neste Edital, e recebimento de 55 (cinquenta e cinco) kits de cozinha, com Amostra Gastronômica de comida de Terreiro

5. QUEM PODE SE INSCREVER

5.1. Pode se inscrever no Edital como candidato(a):

I - Organizações privadas sem fins lucrativos ou com finalidade não econômica (organizações da sociedade civil), com existência comprovada há pelo menos 1 (um) ano, localizadas em Territórios de Povos e Comunidade Tradicionais de Matriz Africana e Povos de Terreiros.

8. **DA INSCRIÇÃO**

8.1. Para efetuar a inscrição, o(a) candidato(a) deverá se cadastrar no **ANEXO I,** mediante preenchimento do formulário disponivel no link https://forms.gle/4et6ou8Ze4NMRj5h7, gratuitamente.

8.2. A inscrição deverá ser feita exclusivamente por membros de Povos de Terreiro e Comunidades Tradicionais de Matriz Africana pela link disponibilizado, com o preenchimento do formulário on-line, ANEXO I, respondendo a todos os campos solicitados, apresentando apenas uma unica iniciativa.

8.7. Além das respostas ao formulário de inscrição (Anexo I) o candidato deverá enviar para o email **matrizafricana2024@gmail.com** a seguinte documentação legível:

a) Cópia do Cadastro Nacional da Pessoa Jurídica (CNPJ);

b) Cópia autenticada do Estatuto Social, registrado no Cartório de Títulos e Documentos e Registro Civil de Pessoa Jurídica;

c) Cópia autenticada da ata da útima eleição da diretoria ou da presidencia da organização da sociedade civil, devidamente registrada no Cartório de Títulos e Documentos e Registro Civil de Pessoa Jurídica;

d) Cópia do documento de identificação com RG e CPF, frente e verso, do/a da liderança da organização civil;

e) Cópia autenticada de comprovante de endereço.

f) Carta de apresentação da organização da sociedade civil, em que conste, pelo menos, histórico; territórios de atuação; números de associados ou integrantes e os motivos pelos quais pretende participar do prêmio.

8.13. No formulário de inscrição (Anexo I) tem o local de preenchimento para descrever a receita e apresentar o vídeo, contemplando as seguintes informações:

8.13.1. Escrever passo a passo da receita e seus ingredientes utilizados, com suas respectivas medidas de quantidades, detalhadamente.

8.13.2. Escrever o apelo ancestral e sentimental da receita, quais lembranças ela traz, contando a história da receita e seu resgate cultural, entre outros aspectos.

8.13.3. Além das respostas ao formulário de inscrição, o(a) candidato(a) deverá apresentar um *link* para acesso ao vídeo da iniciativa cultural, obedecendo as configurações estabelecidas no item 9 deste regulamento e de acordo com as condições específicas citadas no Anexo X correspondente à região escolhida, em campo específico do formulário de inscrição.

Fonte: Edital n. 05/2024: Saberes e Sabores adaptado pelo autor, 2024

A tecitura do edital, em que pese ter sido criado com o objetivo direto de alcançar os povos de terreiro, ainda foi insuficiente, mormente pelas questões que, nessa proposta de ação da liderança de axé de Tambor de Mina, expuseram a realidade de violência, até mesmo em nível estatal, proferida pelo sistema.

O processo editalício de seleção, apresentado na Figura 1 e outros realizados por editais voltados para populações de axé exigiu a gravação de vídeo, internet, reunião de documentos, ter inclusive CNPJ (quantas lideranças de povos de terreiros possuem tal "juriciedade"?), computador e outras tecnologias que não estão acessíveis para a grande maioria dessas lideranças religiosas, as quais, em regra, repassam seus saberes na modalidade da oralidade ancestral.

Mediante o exposto, a reparação do dano coletivo sofrido pelas religiões de matriz africana envolve não apenas a punição do agressor, mas também a implementação de políticas públicas que promovam a valorização e o respeito às tradições religiosas dessas comunidades, além da conscientização e mobilização da sociedade como um todo no combate ao racismo religioso.

A partir da proposta de ação de educação sobre direitos (letramento racializado afrocentrado), é interessante pensar em um processo de formação continuada nos órgãos, sejam eles instituições públicas ou privadas, a fim de formar agentes multiplicadores do pensar e fazer antirracista.

Ademais, outra ação importante é apoiar e fortalecer as iniciativas e projetos desenvolvidos pelas comunidades de terreiro, como festas, rituais, atividades culturais e religiosas, sendo esta uma das ações propostas pelas lideranças religiosas, a qual visa especificamente à valorização das culturas locais e tradições. Uma vez que chega ao cúmulo de outras religiões não vulnerabilizadas e hegemônicas tentarem ocupar esses espaços, usurpando direitos adquiridos ao longo de muitas lutas e vidas no decorrer da história, tal qual é o caso do "Pontos e Pontões de Cultura", que recentemente está sendo alvo de debates a fim de "beneficiar" tais religiões que não se enquadram nas justificativas e objetivos de criação dessa política pública (Projeto de Lei n. 2.939/2024).

Neste ínterim, também foi possível formular o mapa mental apresentado na Figura 2 abaixo, a partir das falas das lideranças religiosas que participaram do grupo focal, dentre as quais aquelas que estão em tamanhos mais destacados foram as que mais se repetiram durante os diálogos, seja por necessidade de enfatizar a existência do problema ou de uma possível solução em prol da causa que é de um todo.

Figura 2 – Nuvem de Palavras das Falas das Lideranças

Fonte: elaborado pelo autor (2024)

Logo, depreende-se da nuvem que, dentre as palavras enfatizadas, destacaram-se: “dano”, “pendência”, “terreiro”, “mãe”, “filho” e “impacto”. Observando em uma perspectiva de análise linear do processo do impacto do dano sobre os corpos dos povos de terreiro, torna-se visível que o dano ocasionado pelo racismo religioso gera uma pendência, isto é, a necessidade de uma resposta reparadora do sistema de justiça em relação à vítima.

Cumpre, portanto, identificar quem é a vítima – entendida como um todo comunitário – que, na categoria de análise, corresponde àqueles presentes no terreiro. Tais comunidades, cultural e ancestralmente organizadas em estruturas matriarcais, atingem diretamente a "mãe", isto é, as mulheres do axé, e, por consequência, os filhos, que são os frutos da construção coletiva representada pela árvore da vida, a qual sofre o impacto.

Essa árvore da vida é sustentada pelo suporte da mãe/pai de santo, que atuam ativamente no sustento emocional e material dos filhos de axé. Nesse sentido, segue um trecho de relato realizado durante o grupo focal com as lideranças afro-religiosas da RMB:

> Então, é coisas que a gente não manda. Temos outros familiares que dependem da gente, não é? Então, é... é... Filho de Santo que às vezes não tem o que comer, não tem um real do ônibus, a gente está lá dando suporte, foi demitido, estamos dando suporte. Então, essa evasão, quando há esse tipo de... de... de publicidade existe o dano material, ele realmente está comprovado (Grupo Focal com POTMAS, 2024).

Logo, nos terreiros, que são espaços sagrados e simbolizam a resistência cultural e espiritual dos Povos e Comunidades Tradicionais, o "dano" se manifesta não apenas em perdas materiais, como também em danos psicológicos profundos. As comunidades enfrentam uma onda de violência que gera medo e insegurança, afetando as relações humanas e a própria essência da tradição.

A figura da mãe, que, conforme muitas vezes ratificado, representa a guardiã do conhecimento e sabedoria ancestral, torna-se um símbolo de proteção nesta luta. No entanto, a ameaça constante e a brutalidade dos crimes cometidos contra essas comunidades geram um impacto devastador que reverbera no psicológico de seus integrantes. O trauma coletivo é palpável, criando uma sensação de vulnerabilidade persistente, mesmo diante da resistência, a partir do qual se constatou:

> É de forma psicológica, porque é volta em todas as falas, nos remete a um medo, não só ao medo de sair na rua trajado pra ir para os nossos compromissos, né? Porque essa é uma forma de identificação. A gente tem que bater muito nessa tecla que a gente tem que andar nos lugares assim para ser a nossa forma de identificação (Grupo Focal com POTMAS, 2024).

A liberdade de crença é um direito fundamental que, muitas vezes, é cerceado. As experiências de violência não apenas desmantelam o patrimônio material das comunidades, mas também suas histórias e legados. Contudo, em meio à adversidade, continua a emergir um clamor público por justiça e reconhecimento. Dessa forma, a conscientização social e a mobilização tornam-se cruciais para transformar essa sensação de impotência em uma luta coletiva por dignidade e respeito.

É fundamental que a sociedade amplie o diálogo sobre as múltiplas dimensões da violência enfrentada pelos terreiros, buscando compreender as diferentes histórias e experiências. Apenas assim será possível não só mitigar os danos causados, como também construir um futuro em que a liberdade de expressão e a prática religiosa prevaleçam, celebrando a rica diversidade cultural que enriquece nosso tecido social.

No intuito de tecer um diálogo conjunto a essas Ações Propostas e valiosos insights apresentados pelas lideranças afro-religiosas da RMB, segue o Quadro 2, que contém a compilação dos advogados negros com atuação afrocentrada e antirracista em suas assessorias e pareceres:

Quadro 2 – Compilação dos Advogados participantes das Entrevistas Semiestruturadas OAB/PA

N.	Sigla de abreviação do nome	Idade	Gênero	Cor/etnia	Escolaridade
01	AJSJ	25	masculino	preto/negro	Mestrado
02	LCCS	26	feminino	preta/negra	Mestranda
03	MCAN	38	feminino	preta/negra	Doutoranda
04	NDGS	39	masculino	pardo/negro	Bacharelado
05	DSM	não disse	masculino	negro	Especialização
06	BDA	não disse	feminino	não disse	Especialização
07	MASL	57	masculino	não disse	Mestrando

Fonte: elaborado pelo autor (2024)

A priori, cumpre realizar alguns apontamentos necessários, dos quais se destaca a impossibilidade, por parte das/os advogadas/os, em identificar as idades. Uma vez que, durante as entrevistas, ainda que realizada a pergunta diretamente, no decorrer dos relatos, acabou passando despercebida durante a resposta do entrevistado, que não se percebeu da ausência ou, talvez, não tenha se sentido à vontade para dizer.

Em seguimento ao quadro de análise, é necessário trazer a lume que todas as pessoas participantes são visualmente negras e, por vezes, se identificam como tais publicamente. Todavia, a título de esclarecimento da ausência de informação no gráfico, e a partir da perspectiva de que o não dado também é dado, esclarece-se que elas não realizaram a heteroidentificação quando a pergunta foi realizada na entrevista.

Assim, entre os diálogos e contribuições repassadas para o pensar e construir um modelo de petição ou, de forma mais ampla, um modelo de resposta jurisdicional antirracista, foi importante a militância, apesar das condições econômicas que possuem, atravessadas pelas violências raciais de uma estrutura judicial excludente.

Sobre isso, fiquei bastante motivado com a participação efetiva dos(as) colegas de profissão no sentido da construção coletiva da Ação Civil Pública. Foram muitas contribuições pertinentes e necessárias para dar um corpo bem estruturado à petição, além das fundamentações jurídicas no contexto atual. Profissionais experientes e dedicados na luta antirracista.

No mais, ainda que, para muitos, a construção de uma sociedade menos racista ou, ao menos, reparadora de seus danos históricos possa parecer uma utopia, esta é, na verdade, o que nos move. O ser, o pensar e o agir movidos pelo esperançar é o que fundamenta a dinâmica da luta antirracista daqueles que atuam ativamente neste constructo sob uma égide de valorização e respeito às energias ancestrais que alimentam os nossos corpos, para além da matéria. SIGAMOS!

6

PALAVRAS FINAIS

As considerações finais do primeiro capítulo refletem uma profunda interconexão entre vivências pessoais e a luta coletiva contra o racismo e a desigualdade. Quando narro a minha trajetória de vida, evidencio a importância das experiências vividas na construção de minha identidade afro-brasileira, ressaltando que o passado, presente e futuro estão entrelaçados de maneira dinâmica, influenciando não apenas minha formação individual, mas também a de um povo que historicamente enfrenta silenciamento e invisibilidade. O provérbio africano "Òní Bàbá Òla" serve como um guia ético, incitando à reflexão sobre a responsabilidade social e a necessidade de ação em prol da justiça e da valorização da cultura afro-brasileira.

Destaco como cada etapa de minha vida, desde o convívio com a família até a formação no campo jurídico e cultural, contribuiu para minha consciência racial e os desdobramentos de minha militância social. Ademais, a conexão com minhas raízes, evidenciada pela relação que possuo com as tradições de matriz africana e a vivência dentro de espaços como o terreiro, fortalece a minha identidade e convicção na luta contra o racismo religioso e a defesa dos direitos humanos. Esse percurso não é somente uma busca individual, mas um movimento que visa resgatar e valorizar a história e a cultura afro-brasileira, ao mesmo tempo em que me proponho a confrontar as estruturas de opressão presentes na sociedade.

Por fim, o capítulo conclui enfatizando a responsabilidade coletiva na transformação social e na reivindicação de espaço e voz para a população negra. A escolha por um caminho no Direito emerge como uma estratégia para amplificar essas vozes e garantir que as histórias de resistência não sejam apenas contadas, mas ouvidas e respeitadas. A luta por justiça e reconhecimento, portanto, não é apenas uma demanda individual, mas um chamado a todos que anseiam por um futuro mais igualitário e justo, onde as experiências de vida e as identidades de cada indivíduo sejam celebradas e respeitadas.

No Capítulo 2, a análise do conceito de Ebó e sua significação nas religiões de matriz africana trouxe à tona a importância desse ritual como um mecanismo de transformação e reparação social. O termo "EBOKONU", que combina o ato de oferecer (EBO) com a ação de realizar (KÓNU), simboliza a busca por mudanças e reparações no contexto da cultura afro-brasileira. A partir de minhas vivências pessoais, é possível observar como o Ebó transcende a mera oferenda, representando uma prática espiritual que promove a cura e a harmonia, além de reforçar as conexões comunitárias. As lembranças narradas, como os banhos de folhas sagradas, destacam o papel do Ebó na manutenção do equilíbrio energético e emocional, essencial para o bem-estar individual e coletivo.

A discussão sobre a relação entre Ebó e Èsù, enquanto figuras centrais nas tradições afro-brasileiras, ilustra como esses rituais vão além do contexto religioso, também refletindo a necessidade de um espaço de reparação e reconhecimento dentro do sistema jurídico. A presença de Èsù como mensageiro e guardião das oferendas enfatiza a importância da reciprocidade nas interações entre os seres humanos e o cosmos. Este ciclo de troca, mediado pelo Ebó, permite a restauração do Axé, ou energia vital, e a manutenção da harmonia nas vidas dos praticantes. Ainda argumento que a compreensão profunda do significado das oferendas e das energias subjacentes a elas é fundamental para que a sociedade respeite e valorize as tradições afro-brasileiras.

Ao abordar as narrativas invisibilizadas de comunidades afrodescendentes e o racismo religioso que permeia o sistema jurídico brasileiro, o capítulo propõe uma reflexão crítica sobre a necessidade de uma epistemologia que inclua as práticas e saberes das religiões de matriz africana no âmbito dos direitos. Logo, a luta por reconhecimento e reparação se torna essencial no combate às injustiças estruturais que historicamente marginalizaram essas comunidades. Assim, a análise do Ebó configura-se não apenas como um rito religioso, mas como um potente agente de transformação social, capaz de promover justiça, respeito e dignidade às culturas afrodescendentes, reafirmando a importância das tradições e práticas ancestrais na construção de uma sociedade mais equitativa e plural.

O capítulo seguinte refletiu sobre o cenário de racismo religioso no Brasil, tomando o caso emblemático de Wladimir Costa como ponto central para a discussão. O racismo religioso é uma forma insidiosa de discriminação que não apenas marginaliza as religiões de matriz africana, como também perpetua um ciclo de violência e opressão contra as comunidades que as praticam. A partir das análises apresentadas, tornou-se evidente que essa forma de racismo não se restringe ao nível individual, mas se infiltra em instituições, práticas sociais e na cultura popular, enraizando-se nas estruturas sociais existentes.

Meu testemunho e o de outras vozes da tradição negra nos lembram que a ancestralidade e a fé são não apenas aspectos identitários, mas também pilares de resistência. A expressão "Agbágunjo" destaca o papel dos fomentadores de conflitos não apenas na perpetuação de sistemas de desigualdade, bem como na tentativa de silenciar as vozes que clamam por mudança e por respeito. Assim, a importância de reconhecer e respeitar a pluralidade religiosa é um tema que permeia toda a discussão, enfatizando a necessidade de um tratamento igualitário que contemple as diferentes expressões de fé que habitam o Brasil.

Os dados alarmantes sobre violência e discriminação religiosa demonstram a urgência de um enfrentamento institucional, social e cultural contra o racismo religioso. O caso Wladimir Costa exemplifica não apenas as agressões verbais que se propagam nas redes sociais, mas também o impacto devastador que essas falas têm em comunidades que já sofrem com histórica marginalização. As ações judiciais que se seguiram a esse episódio devem ser vistas como tentativas de resposta à intolerância e à violência, sugerindo que, embora a luta contra o racismo religioso ainda esteja longe de ser concluída, existem caminhos legais e sociais que buscam reverter situações de injustiça.

Além disso, a resposta dos Povos Tradicionais de Matriz Africana no Pará, bem como as mobilizações em prol da proteção de seus direitos, ressalta a resiliência e a força dessas comunidades. A criação de políticas públicas voltadas para a proteção contra o racismo religioso e a construção de um diálogo respeitoso e inclusivo na sociedade são passos vitais para a promoção da equidade e da justiça social.

É crucial que a sociedade civil, os órgãos públicos e as instituições de justiça unam esforços para transformar a luta histórica contra o racismo religioso em um compromisso coletivo. A educação e a conscientização sobre a diversidade religiosa e a valorização das práticas afro-brasileiras são fundamentais para desconstruir estigmas e preconceitos. Somente pelo respeito e valorização dessas expressões culturais é que se poderá avançar na construção de uma sociedade mais justa e igualitária.

Dessa forma, conclui-se que o racismo religioso é um fenômeno que merece atenção e combate de todos nós. O caso de Wladimir Costa não é um evento isolado, mas um reflexo da luta contínua contra o racismo e a intolerância nas suas múltiplas formas. A defesa da liberdade de culto, do respeito à diversidade cultural e da promoção dos direitos humanos é um objetivo que deve ser perseguido incansavelmente, assegurando que todos possam conviver em harmonia, respeito e dignidade.

No Capítulo 4, denominado "ÈTÙTÙ: dano moral e a luta por reparação", destaquei a complexidade do racismo religioso no Brasil e a necessidade urgente de reparação por danos morais sofridos pelas comunidades religiosas afro-brasileiras. A palavra "ÈTÙTÙ", com suas conotações de gratificação, reparação e expiação, simboliza não apenas o reconhecimento do sofrimento causado pelo racismo religioso, como também a busca por justiça e reparação em um contexto que muitas vezes marginaliza essas culturas e crenças. A análise aqui apresentada reflete não apenas a necessidade de medidas de reparação, mas também um entendimento mais amplo de responsabilidade civil, reconhecendo que o Estado, as instituições e os indivíduos têm papéis cruciais na promoção de justiça social e reconhecimento dos direitos fundamentais.

A intersecção entre responsabilidade civil e racismo religioso é abordada com ênfase na legislação brasileira e em convenções internacionais, que destacam a importância de garantir a dignidade da pessoa humana e proteger as práticas religiosas. O capítulo enfatiza que o dano moral, visto como uma ofensa à dignidade, pode ser reparado independentemente do sofrimento material, refletindo sobre como a violação dessas tradições não se limita a ações individuais, mas se insere em um contexto amplo de discriminação estruturada. A introdução de "Punitive Damages" ou danos punitivos no sistema jurídico brasileiro é apresentada como uma ferramenta para não apenas compensar as vítimas, bem como dissuadir práticas discriminatórias, ressaltando a importância de uma resposta legal que vá além da simples reparação.

Em suma, o capítulo aponta para a necessidade de uma abordagem integral que utilize práticas tradicionais, como o Ebó, não apenas como métodos de reparação espiritual, mas também como formas de restaurar a dignidade e a harmonia nas comunidades afetadas. Essa visão restaurativa de justiça propõe que a reparação em casos de racismo religioso deve ser complementada por um esforço para construir uma cultura de respeito e valorização da diversidade religiosa no Brasil. Ao final, a luta por reparação não é apenas uma questão jurídica, mas um compromisso social que exige conscientização, educação e ação coletiva para que as práticas religiosas afro-brasileiras recebam o reconhecimento e a proteção que merecem, promovendo um futuro em que todas as crenças possam coexistir em harmonia.

Ademais, a necessária mudança na percepção social sobre as religiões de matriz africana, que muitas vezes são alvo de estigmatização e racismo, necessita de um grupo de advocacia permanente que esteja preparado para atender às especificidades desse grupo de pessoas, de modo a não apenas buscar reparação, mas também promover a educação e a conscientização sobre o racismo religioso, a fim de transformar a realidade enfrentada pelos povos de terreiro por meio de uma capacitação continuada. Dado que a luta por justiça deve ser acompanhada de um esforço contínuo para desmantelar as estruturas de opressão que sustentam o racismo religioso, promovendo um diálogo aberto e respeitoso entre as diferentes tradições religiosas.

No mais, as ferramentas protetivas que podem ser implementadas para enfrentar o racismo religioso podem encontrar força em campanhas de conscientização, capacitação de agentes públicos e na formação e fortalecimento das redes de apoio, haja vista serem fundamentais para a construção de um ambiente mais inclusivo e respeitoso. Ressalta-se que a luta contra o racismo religioso deve ser uma tarefa coletiva, pois, "eu sou porque nós somos", envolvendo não apenas os POTMAS, mas toda a sociedade. Logo, a promoção de um diálogo aberto e respeitoso entre as instituições e as comunidades é essencial para entender suas necessidades e buscar soluções conjuntas.

Além disso, o envolvimento de lideranças religiosas e das comunidades na formulação de políticas públicas que visem combater o racismo religioso é profícuo na construção de parcerias entre o poder público e os povos de terreiro, pois configura uma estratégia eficaz para garantir que as vozes e necessidades dessas pessoas sejam ouvidas e atendidas. A luta contra o racismo religioso não pode ser vista apenas como uma questão legal, devendo ser entendida também como um movimento social que busca a transformação das relações de poder e a promoção da justiça social.

As considerações finais sobre a proposta de intervenção para combater o racismo religioso revelam a necessidade premente de ações efetivas diante de um contexto marcado pela intolerância religiosa. Ao garantir o direito à igualdade e à dignidade da pessoa humana, previsto na Constituição brasileira, essa proposta busca não apenas a reparação de danos, mas a construção de um espaço onde o respeito às diferenças religiosas seja um pilar da sociedade. A utilização da Ação Civil Pública se destaca como uma ferramenta fundamental para mobilizar a sociedade e consolidar o racismo religioso como uma prioridade a ser enfrentada em nível nacional.

A ênfase no reconhecimento do dano moral coletivo é um ponto crítico da proposta. Ao propugnar a reparação não apenas para indivíduos, mas também para uma coletividade que sofre com atos de discriminação, o documento reflete uma mudança cultural necessária, em que a igualdade e o respeito mútuo tornam-se ações cotidianas. Tal abordagem não apenas reconhece o sofrimento compartilhado, mas também trabalha para fortalecer a identidade coletiva e a coesão social, fundamentais para uma convivência harmônica entre diferentes tradições e práticas religiosas.

O tratamento das manifestações de intolerância religiosa como delitos de repercussão coletiva ressalta a importância de abordagens multifacetadas na luta contra o preconceito. Nesse cenário, fortalecer as legislações e promover campanhas de conscientização tornam-se essenciais. A proposta convoca todos os setores da sociedade – governo, instituições educacionais e comunidade – a se unirem nessa luta, criando um esforço conjunto para amplificar as vozes das comunidades, especialmente aquelas de matriz africana, que historicamente têm enfrentado os maiores desafios em relação à aceitação e ao respeito.

Ademais, o reconhecimento do dano moral coletivo como categoria autônoma no ordenamento jurídico brasileiro é crucial, pois reafirma que a dignidade e os direitos da coletividade estão interligados. A legislação existente oferece os mecanismos necessários para a reparação dessas lesões, enfatizando que a resposta não deve ser meramente financeira, mas sim voltada para o restabelecimento da dignidade e da honra da comunidade afetada. Essa abordagem integral permite uma reparação que considera o impacto social das ações discriminatórias e promove a restauração do tecido social.

Em síntese, a proposta de intervenção não é apenas um passo para a reparação de danos, mas sim um caminho em direção a um futuro em que a discriminação e a intolerância religiosa não tenham espaço. Para isso, é vital que o Poder Judiciário desempenhe um papel proativo em garantir a justiça e promover iniciativas educativas que visem à conscientização e ao respeito às diferenças. Nesse sentido, a verdadeira transformação social depende do comprometimento contínuo de toda a sociedade na busca pela inclusão e valorização da diversidade, criando um ambiente em que todas as crenças possam coexistir de maneira respeitosa e harmônica. A efetivação dessa proposta poderá oferecer às futuras gerações um legado de paz e aceitação, em que a diversidade religiosa seja não apenas tolerada, mas celebrada.

Por fim, ao considerar todo o constructo envolvido para chegar a tais entendimentos, torna-se evidente que esta obra não apenas contribui para o campo acadêmico, mas também se insere em um movimento muito maior de resistência, cultura, saberes e afirmação da identidade afro-brasileira. A luta contra o racismo religioso é uma tarefa que demanda comprometimento e solidariedade, e a construção de um futuro mais justo e igualitário passa pelo reconhecimento das injustiças do passado e pela valorização das vozes que, historicamente, foram silenciadas, pois, "o passado colonial foi 'memorizado' no sentido em que 'não foi esquecido'.

Às vezes, preferimos não lembrar, mas, na verdade, não se pode esquecer" (Kilomba, 2019, p. 213).

Destarte, em resposta à questão norteadora, depreende-se que o racismo religioso é uma forma insidiosa de discriminação que fere não somente a dignidade dos indivíduos, mas também a coesão social. As respostas jurídicas existentes ainda são insuficientes, por falta de formação específica e continuada, e, com isso, uma advocacia antirracista que atue por meio de um modelo de petição de reparação de danos coletivos é fundamental, devendo ser acompanhada de um esforço contínuo de conscientização e educação de saberes tradicionais por meio do Ebó. A luta contra o racismo religioso é, portanto, uma luta por justiça, dignidade e reconhecimento, que deve ser travada por todos nós, em busca de um Brasil mais inclusivo, respeitoso com sua diversidade socioespacial, cultural e religiosa, não apenas iluminando as injustiças enfrentadas pelos POTMAS, mas também oferecendo caminhos concretos para a construção de um futuro mais justo, igualitário e antirracista.

7

PROPOSTA DE INTERVENÇÃO

Como é cediço no Código Civil Brasileiro de 2002 em seus artigos 186, 187 e 927, respectivamente, quem comete ilícito desta natureza, tem o dever de indenizar. Nesse sentido, a transcrição que se segue, *in verbis*:

> Art. 186. Aquele que, por ação ou omissão voluntária, negligência ou imprudência, violar direito e causar dano a outrem, ainda que exclusivamente moral, comete ato ilícito.
>
> Art. 187. Também comete ato ilícito o titular de um direito que, ao exercê-lo, excede manifestamente os limites impostos pelo seu fim econômico ou social, pela boa-fé ou pelos bons costumes.
>
> Art. 927. Aquele que, por ato ilícito (arts. 186 e 187), causar dano a outrem, fica obrigado a repará-lo.
>
> Parágrafo único. Haverá obrigação de reparar o dano, independentemente de culpa, nos casos especificados em lei, ou quando a atividade normalmente desenvolvida pelo autor do dano implicar, por sua natureza, risco para os direitos de outrem.

Ronaldo Porto Macedo Júnior (2015) assevera que o dano moral coletivo é o reconhecimento de um direito social que se caracteriza como gerado pelas desigualdades e possui duas características importantes. A primeira característica é a necessidade de uma ação coletiva para a efetivação desse direito, ou seja, não basta apenas garantir a proteção individual, é necessário o engajamento de toda a sociedade para garantir tal efetivação.

Ademais, a segunda característica é a busca pela igualdade social, uma vez que o direito social das desigualdades busca diminuir as disparidades sociais existentes, garantindo oportunidades iguais a todos os membros da sociedade. Dessa forma, o reconhecimento desse direito social como garantia de grupos implica em uma mudança de paradigma, deixando de enxergar apenas as garantias individuais e passando a considerar as necessidades coletivas, visando à promoção da igualdade e à proteção dos mais vulneráveis.

Na definição de Carlos Alberto Bittar (2015), o dano moral coletivo refere-se à lesão injusta da esfera moral de uma comunidade específica, ou seja, à violação ilegal de um conjunto de valores coletivos. Quando me refiro ao dano moral coletivo, atesto que o patrimônio valorativo de uma comunidade foi violado de forma absolutamente injustificável do ponto de vista jurídico. Isso significa que a própria cultura, em seu aspecto imaterial, foi afetada. Assim como ocorre no dano moral individual, não é necessário comprovar a culpa, devendo-se responsabilizar o agente apenas pelo fato da violação.

Diversas ferramentas protetivas podem ser aplicadas no contexto do enfrentamento ao racismo religioso, tais como campanhas de conscientização, capacitação de agentes públicos, formação de redes de apoio e fortalecimento das lideranças religiosas, além de uma relação dialógica com as comunidades de terreiro, para entender suas necessidades específicas e buscar soluções conjuntas para combater essa forma de discriminação.

Dentro desta perspectiva, a petição objetiva, de forma geral, facilitar o acesso à justiça para os praticantes de religiões de matriz africana que são afetados pelo racismo religioso e, especificamente, promover a conscientização sobre a importância de combater esse crime; estabelecer parcerias para levantar as ações e demandas relacionadas ao racismo religioso no Estado do Pará; e buscar soluções conjuntas para enfrentar essa forma de discriminação.

7.1 RELATÓRIO DA INTERVENÇÃO

Foi produzida e protocolada no dia 21 de janeiro de 2025, O Dia Nacional de Combate à Intolerância Religiosa que foi instituído no Brasil em 2007, por meio da Lei n. 11.635, de 27 de dezembro. A data homenageia a ativista social e Iyalorixá Gildásia dos Santos e Santos, conhecida como Mãe Gilda de Ogum, fundadora do terreiro Ilê Axé Abassá de Ogum, em Salvador (BA), a AÇÃO CIVIL PUBLICA C/C DANOS MORAIS POR ILICITO RELIGIOSO n. 0803908-64.2025.8.14.0301 no Juízo da Vara Civil de Belém-Para. Em face do Sr. Wladimir Afonso da Costa Rabelo.

A petição conta com os seguintes pontos:

a. Da síntese dos fatos;

b. Legalidade ativa;

c. O racismo religioso contra a fé de matriz africana;

d. O valor constitucional do racismo e o direito fundamental à igualdade racial;

e. Da obrigação indenizatória;

f. Da violação aos valores fundamentais da honra e da dignidade de grupo religioso;

g. Da responsabilidade civil por dano moral coletivo: os deveres de indenização e de retratação pública;

h. Liberdade de expressão que fere à dignidade de toda uma coletividade;

i. Do valor do dano moral;

j. Dos pedidos.

7.2 PETIÇÃO

AO JUIZO DA VARA CÍVEL DE BELÉM/PA

AFAIA – ASSOCIAÇÃO DOS FILHOS E AMIGOS DO ILÊ ÌYÁ OMI ASÉ OFÁ KARE, sob o CNPJ n. 05.071.123.0001-37, com sede na cidade de Belém-PA, Rodovia Augusto Montenegro, Km 010, Conjunto Jardim Maguari Alameda 24, casa 86, bairro Icoaraci, CEP: 66.823-060, **INSTITUTO NANGETU DE TRADIÇÃO AFRO-RELIGIOSA E DESENVOLVIMENTO SOCIAL**, CNPJ: 07.113.062/0001-59, situado na Trav. Pirajá, 1194, bairro do Marco, CEP: 66087-590, Belém (PA), por intermédio de seu defensor constituído, conforme instrumento particular de procuração, vem, respeitosamente à presença de Vossa Excelência, apresentar:

I AÇÃO CIVIL PÚBLICA C/C DANOS MORAIS POR ILICITO DE RACISMO RELIGIOSO:

Em face de:

WLADIMIR AFONSO DA COSTA RABELO, brasileiro, inscrito no RG n. 1609862 PC/PA, e CPF n. 137.619.002-87, residente e domiciliado dos trabalhadores, n. 2295, Condomínio Cristal Ville Belém, Rua Esmeralda, Mangueirão. Belém-PA, CEP: 66.640-411, Celular: 91 99385-4545.

Com fundamento no artigo 5º, inciso XLII da Constituição Federal, e na Lei n. 7.716/89 e Lei n. 10.406/02, pelos motivos de fato e de direito a seguir expostos:

II DA SINTESE DOS FATOS:

Relato da Ocorrência: Que, o declarante é representante do Fórum Paraense de Afro-religiosos do Estado do Pará e professa a religião de matriz africana (Candomblé); Que, neste ato comunica que viralizou um vídeo nas redes sociais onde o ex-deputado WLA-

DIMIR AFONSO DA COSTA RABELO encontra-se dentro de um carro em via pública onde se depara com uma cesta de frutas e velas e manda o motorista do carro parar em frente da cesta para que ele possa pegá-la; Que, no referido vídeo WLADIMIR diz os seguintes textuais "VOU PEDIR A FORÇA DO DIVINO ESPIRITO SANTO DE DEUS PRA QUEBRAR, ELEVAR MEUS PENSAMENTOS AOS CÉUS PRA NOSSO SENHOR JESUS CRISTO PARA QUEBRAR TODAS ESSAS COISAS, NAO SOU PASTOR EU SOU CATOLICO, EU SOU CRISTÃO, EU ACREDITO EM DEUS, NOSSO SENHOR JESUS CRISTO, E PEDIR PRA QUEBRAR QUE EU NAO VOU DEIXAR ESSA COMIDA AQUI PRA ESTRAGAR", desrespeitando claramente a religião de matriz africana que tem como prática fazer "oferendas" com os elementos da natureza; Que, WLADIMIR entrou no carro com a referida oferenda e disse que iria levar para entregar "PARA O POVO" e continuou escarnecendo "abençoando" as frutas dizendo "ABENÇOE QUEM TA GASTANDO DINHEIRO COM ISSO, SE FOR PRO OBJETIVO DO BEM QUE PROCEDA DO BEM, SE FOR PRO MAL QUE QUEBRE" e continua a fazer piada oferecendo para o motorista do carro as frutas; Que. WLADIMIR seguiu para a Av. Duque de Caxias, onde parou o carro e chamou alguns populares e ofereceu as frutas dizendo para os mesmos "VAMOS COMER ESSA PORRA!" e que tinha passado na "feira da [...]" (0810265-90.2021.8.14.0401- Id. Num. 14650958 – Pág. 5)

III PREAMBULARMENTE:

III.A LEGALIDADE ATIVA:

Trata-se de associação com mais de 10 anos de constituição, que em ato de constituição se presta a resguardar direitos humanos, em especial direitos religiosos de comunidades negras e afrodescendentes, como pode ser visto em fragmento de sua constituição a seguir, *in verbis*:

Art.2° - O compromisso institucional da AFAIA é contribuir com as lutas pelos Direitos Humanos, em especial em relação a população negra e afro religiosos, estimular e propor políticas públicas de inclusão social para essa população, visando a construção de uma sociedade fraterna, igualitária, e equitativa, tendo por fim:

I) Tratar de assuntos que envolvam a população negra nos seus aspectos sócio, político e cultural, com ênfase na Afro Religiosidade;

II) Desenvolver estudos e trabalhos de capacitação sobre raízes históricas, manifestações culturais e sociais da comunidade Afro Brasileira;

III) Prestar serviços jurídicos e de assistência social para orientar a população negra e afro religiosa;

III.B DO MÉRITO:

III.B.1 GENERALIDADES:

A ação civil pública é um instrumento de ordem constitucional, destinado a defesa de interesses metaindividuais. Mesmo estando referido no capítulo da Constituição Federal relativo ao Ministério Público (art. 129, III), não é exclusivo da instituição, de acordo com § 1º do referido artigo.

No plano infraconstitucional a ação é regida pela Lei 7347/85 e, segundo a doutrina majoritária, aplica-se por analogia, conforme os dispositivos da Lei 4717/65.

Possui natureza condenatória, de acordo com o art. 3º da Lei 7347/85, mas, à semelhança da ação popular, também pode pleitear a invalidação de ato ou contrato administrativo, ilegal, ilegítimo, ilícito e lesivo ao patrimônio público, cultural, histórico ou ambiental.

No presente caso, o cabimento da ação civil pública se justifica diante do fato de o objetivo da demanda judicial ser a defesa de todos os idosos que procuram o atendimento no Posto de Saúde Gama, pois, como se discute a qualidade do serviço público oferecido a população e esses idosos não podem ser individualizados, trata-se de típico interesse difuso, enquadrando-se no art 1º, incisos IV e VIII da Lei 7347/85.

Importante destacar que a saúde dos idosos é um direito fundamental, de acordo com os arts 6º e 196 da CRFB/88, é o texto constitucional traz ainda, o direito à vida, em seu art. 5º, caput, e o Princípio da Dignidade da Pessoa Humana, art. 1º, III da CRFB/88, como um dos fundamentos da República Federativa do Brasil.

Constamos, no presente caso, evidente preterição de tais diretos para realização de obras públicas em área de lazer, o que é constitucionalmente inadequado em razão da maior importância dos referidos direitos. Afinal, sem vida e saúde, não a probabilidade de lazer.

O Município tem o dever constitucional de asseguras o direito à saúde dos idosos e de cumprir a competência constitucional conferida para fins de prestação de serviço público de saúde, de acordo com art. 30, VII e art. 230, todos da Constituição Federal de 1988.

Do dano moral coletivo:

Como é cediço no CC/2002 em seus artigos 186,187 e 927 respectivamente, quem comete ilícito de natureza, tem o dever de indenizar, neste sentido a transcrição que se segue, *in verbis*:

> "AÇÃO CIVIL PÚBLICA. RACISMO. DANO MORAL COLETIVO. Ofende a coletividade a prática pela empregadora de atos de racismo no ambiente de trabalho, cabendo a reparação do dano moral coletivo. (TRT-4 – ROT: 00203461620215040772, Relator: EDSON PECIS LERRER, Data de Julgamento: 28/06/2023, 1ª Turma)"

> Art. 186. Aquele que, por ação ou omissão voluntária, negligência ou imprudência, violar direito e causar dano a outrem, ainda que exclusivamente moral, comete ato ilícito.

> Art. 187. Também comete ato ilícito o titular de um direito que, ao exercê-lo, excede manifestamente os limites impostos pelo seu fim econômico ou social, pela boa-fé ou pelos bons costumes.

> Art. 927. Aquele que, por ato ilícito (arts. 186 e 187), causar dano a outrem, fica obrigado a repará-lo.
>
> Parágrafo único. Haverá obrigação de reparar o dano, independentemente de culpa, nos casos especificados em lei, ou quando a atividade normalmente desenvolvida pelo autor do dano implicar, por sua natureza, risco para os direitos de outrem.

Lei n. 7.347/85

Art. 1º Regem-se pelas disposições desta Lei, sem prejuízo da ação popular, as ações de responsabilidade por danos morais e patrimoniais causados:

No caso dos autos, é evidente que a parte adversa cometeu ilícitos tanto na esfera Cível quanto na esfera penal, visto que foi condenado em primeira instância na Esfera criminal, sendo necessário que na esfera civil as Reparações advindas de seus atos ilegais sejam reparados, uma vez que visa os danos morais inibir reintegrações de atitudes ilegais semelhantes praticadas por pelo.

Neste sentido é salutar reiterar que as atitudes perpetradas pela parte contrária são tão graves que saem da esfera civil e são também punidas na Esfera penal, imperioso destacar que existindo a pena criminal esta deve ser a mais severa possível uma vez que aplicada também a penalidade cível.

Por fim, entendendo-se tão asquerosas as atitudes da parte adversa que não existem justificativas para as suas atitudes, devendo-se ser reprimidos com a mais severas sanções possíveis para que suas práticas jamais voltem a se repetir.

Entende-se que o valor dos danos morais deve ser observado a tríplice função, ou seja, de compensar a vítima (neste caso a coletividade), punir o agente e desestimular a prática da conduta ofensiva. Diante de tais parâmetros acredita-se que o valor de R$ 10.000, 00 (Dez mil reais), seja o mais adequado e justo para esta causa.

Da prova emprestada:

A prova emprestada, no âmbito do direito processual civil, encontra respaldo no Código de Processo Civil (CPC). O artigo 372 do CPC estabelece as bases legais para a utilização desse tipo de prova. Conforme o referido dispositivo legal, a prova produzida em um processo pode ser emprestada para fundamentar decisões em outro processo judicial, desde que haja pertinência temática e fática entre os casos. O uso da prova emprestada visa otimizar a atividade probatória, evitando a redundância de produção de provas semelhantes em processos distintos.

Entretanto, é imperativo observar que a admissibilidade da prova emprestada está sujeita a determinadas condições. De acordo com o mesmo artigo, é necessário que as partes envolvidas concordem com a utilização da prova emprestada, garantindo, assim, o respeito aos princípios do contraditório e da ampla defesa. Além disso, é fundamental que a similitude entre as situações discutidas nos processos seja suficiente para assegurar a pertinência e a validade da prova emprestada.

Dessa forma, a legislação processual brasileira, ao dispor sobre a prova emprestada no artigo 372 do CPC, busca conciliar a eficiência na prestação jurisdicional com a observância rigorosa dos princípios fundamentais do devido processo legal, contribuindo para uma justa resolução dos litígios.

No caso dos autos, apesar da notoriedade dos fatos, uma vez que constituem fatos públicos e de largo conhecimento na região, urge salientar que, pela formalidade que este caso toma, é ululante a anexação de dados já formalizados em processo penal preexistente, neste caso o processo n. 0810265-90.2021.8.14.0401, que segue em anexo a esta exordial.

III.B.2 O RACISMO RELIGIOSO CONTRA A FÉ DE MATRIZ AFRICANA

O desrespeito à dignidade da pessoa humana com base em sua natureza (cor, raça, religião, etnia ou nacionalidade – imutáveis) tem ocorrido com frequência, mas, no mesmo compasso, o combate à discriminação e à intolerância também vem ganhando força.

O conceito de racismo tem sido amplamente debatido e, neste caso, o racismo possui uma conceituação baseada na construção de valores políticos e econômicos, não apenas no fenótipo. É bem esse o caso que se defende – o **racismo religioso** – em que pese a inegável existência das classificações de racismo estrutural, ambiental, institucional e recreativo.

Nos termos do artigo 186 do Código Civil, aquele que violar direito e causar dano a outrem comete ato ilícito. São muitos os dispositivos legais infringidos pelo requerido. Sendo assim, faz-se necessário estabelecer o histórico legislativo nacional em vigor acerca da proteção da negritude:

> a) a primeira legislação antirracista foi a Lei 1.390/51 conhecida como "Lei Afonso Arinos" (deputado federal mineiro autor do projeto de lei que a elaborou ante a vedação de acesso do seu motorista negro a um estabelecimento comercial), determinando contravenções penais punidas com prisão simples e multa o estabelecimento que obstasse de qualquer forma o atendimento a pessoas negras;
>
> b) Reconhecimento da imprescritibilidade e inafiançabilidade do crime de racismo pela Constituição Federal de 1988, artigo 5º, XLII;
>
> c) Lei 7.719/89 que aumentou o rol de crimes de preconceito em razão da raça, cor, religião, etnia ou nacionalidade;
>
> d) O Estatuto da Igualdade Racial, Lei n. 12.288/10, que combate à discriminação e trata das ações afirmativas;

e) Decreto n. 10.932/22 (Convenção da Guatemala firmada em 2013) Tratado Interamericano recentemente internalizado contra o Racismo e outras formas de intolerância.

No que tange à legislação estadual, São Paulo é atenciosa ao assunto em comento, visto que, em 1999, instituiu a Política para superação da discriminação racial no Estado, a Lei n. 10.237, que tem como objetivo fundamental o descrito em seu artigo 1º, III: preservar e valorizar as diferenças culturais e religiosas dos diferentes grupos étnicos do Estado.

Há ainda no âmbito estadual a Lei n. 17.157/19, que trata de sanções administrativas àquele que praticar ato discriminatório por motivo religioso, em que as práticas do requerido são abrangidas. Vejamos:

> Artigo 1º – Será punida, nos termos desta lei, toda manifestação atentatória e todo ato discriminatório por motivo de religião, praticado no Estado de São Paulo por qualquer pessoa, jurídica ou física, inclusive a que exerça função pública.
>
> Artigo 2º – Consideram-se atos discriminatórios por motivo de religião, para os efeitos desta lei:
>
> II – proibir o ingresso ou a permanência em ambiente ou estabelecimento aberto ao público.

Por sua vez, a Lei de Liberdade Religiosa n. 17.346/21 tem como Princípio da Igualdade o artigo 3º Ninguém pode ser privilegiado, beneficiado, prejudicado, perseguido, privado de qualquer direito ou isento de qualquer dever por causa das suas convicções ou prática religiosa. A mesma lei delimita as condutas praticadas pelo requerido em seu artigo 7º. Para os fins desta Lei, consideram-se:

> II – discriminação religiosa: toda distinção, exclusão, restrição ou preferência baseada na confissão religiosa, que tenha por objetivo anular ou restringir o reconhecimento,

> gozo ou exercício, em igualdade de condições, de direitos humanos e liberdades fundamentais nos campos político, econômico, social, cultural ou em qualquer outro campo da vida pública ou privada;
>
> III – desigualdade religiosa: as situações de diferenciação de acesso e gozo de bens, serviços e oportunidades, nas esferas pública e privada, motivadas em função da confissão religiosa;

Restando inconteste que o requerido cabalmente ofendeu a dignidade e discriminou a requerente com base em sua religião candomblecista, passa-se a tratar da indenização pertinente. Acrescenta-se que os direitos humanos possuem eficácia horizontal, produzindo efeitos também no âmbito das relações entre particulares.

Ato contínuo, urge salientar que a instituição **AFAIA**, neste caso, por representar as minorias afrodescendentes e, de igual modo, a religião de matrizes afro, foi, no caso dos autos, a maior "prejudicada", uma vez que representa direitos tão caros a esta comunidade, sendo, neste sentido, representante legítima para defender as aspirações desta parte da sociedade.

Ainda que se afirme que houve mera manifestação do pensamento e da liberdade de expressão, sabe-se que tais direitos não são absolutos e não se sobrepõem à dignidade da pessoa humana. O respeito, acima de tudo, é o que deve prevalecer, inclusive no ambiente virtual. Ninguém está autorizado a ofender a dignidade ou o decoro de outrem.

Vejamos como os tribunais vêm decidindo:

> APELAÇÃO – Ação de Indenização por Danos Morais – Alegação da prática de difamação e discriminação religiosa, por parte do réu, durante transmissão ao vivo em seu perfil da rede social Facebook, por afirmar que terceiro teria mantido relações sexuais com a autora, referindo-se a ela como "a mãe de santo", rindo e inferiorizando-a pelo fato de pertencer ao

> candomblé – Sentença de procedência – Inconformismo das parte: do réu arguindo preliminar de carência de ação e coisa julgada, alegando no mérito que o dano moral não restou demonstrado; da autora pretendendo a majoração dos danos morais – Preliminares rejeitadas – Danos morais comprovados e devidos, fixados em R$ 15.000,00, valor adequado que não merece redução ou majoração – – Recursos desprovidos.
>
> (TJ-SP – AC: 10414663020198260506 SP 1041466-30.2019.8.26.0506, Relator: José Aparício Coelho Prado Neto, Data de Julgamento: 31/10/2022, 10ª Câmara de Direito Privado, Data de Publicação: 31/10/2022)

A intolerância religiosa é um conjunto de ideologias e atitudes ofensivas a crenças e práticas religiosas ou mesmo a quem não segue uma religião. É um crime de ódio que fere a liberdade e a dignidade humana. O agressor costuma usar palavras ofensivas ao se referir ao grupo religioso atacado e aos elementos, divindades e hábitos da religião. Há casos em que o agressor desmoraliza símbolos religiosos, destruindo imagens, roupas e objetos ritualísticos. Em situações extremas, a intolerância religiosa pode se tornar uma perseguição. Crítica não é o mesmo que intolerância. O direito de criticar encaminhamentos e dogmas de uma religião, desde que isso seja feito sem desrespeito ou ódio, é assegurado pelas liberdades de opinião e expressão.

A intolerância religiosa ainda é um desafio à convivência democrática e o humor sem limites, quando ultrapassa a barreira da tolerância religiosa, pode promover, de forma subliminar e/ou direta, uma verdadeira perseguição moral aos cristãos por meio da promoção do escárnio público pelas redes sociais.

Escarnecer da religião de um grupo, de seu Deus e de seus símbolos religiosos, com o claro objetivo de desconstrução de uma fé pela via da ridicularização, não pode receber proteção sob alegação de liberdade de expressão, de opinião ou artística.

Pelas razões expostas, torna-se imperioso o reconhecimento dos danos morais.

III.B.3 O VALOR CONSTITUCIONAL DO RACISMO E O DIREITO FUNDAMENTAL À IGUALDADE RACIAL

A Constituição da República de 1988, que é o centro de referibilidade de todo o sistema normativo, atribui singular desvalor a condutas discriminatórias e, sobretudo, ao racismo, que se enfeixa como uma grave violação de direitos humanos.

De início, em seu preâmbulo, fonte interpretativa do texto constitucional, a Constituição enuncia a busca de "uma sociedade fraterna, pluralista e sem preconceitos, fundada na harmonia social". Especificamente, é objetivo da República Federativa do Brasil (art. 3º, inciso IV): "promover o bem de todos, sem preconceitos de origem, raça, sexo, cor, idade e quaisquer outras formas de discriminação". Em suas relações internacionais, há expresso repúdio ao racismo (art. 4º, inciso VIII). Há ainda ordem de criminalização, sob pena de inconstitucionalidade por omissão, especificamente quanto ao racismo, concebendo a imprescritibilidade, inafiançabilidade e a exigência de reclusão (art. 5º, XLII).

No aspecto histórico e cultural, houve o tombamento dos documentos e dos sítios detentores de reminiscências dos quilombos (art. 216, § 5º), além da concessão de título de propriedade aos quilombolas referentes às suas terras (art. 68 dos Atos das Disposições Constitucionais Transitórias).

Logo, a Constituição da República de 1988 inaugurou um sistema protetivo e antidiscriminatório, composto por normas e princípios de profunda força impositiva à sociedade, instituições e Estado. O atual paradigma constitucional esposa uma concepção específica da nossa Constituição Federal: um sistema aberto de princípios e regras. Esse aspecto é muito importante quando consideramos os objetivos desse campo de estudo, tendo em vista a natureza cambiante das práticas discriminatórias.

Compreender o sistema constitucional dessa forma significa corroborar a ideia de que essa área é regulada por normas que possuem uma abertura capaz de integrar novos sentidos.

O sistema protetivo consubstanciado nas normas antidiscriminatórias expressa os valores que marcam a ordem objetiva dos direitos fundamentais presentes em um sistema constitucional.

Se parcela da sociedade, incluindo autoridades políticas, secundando o mito da democracia racial, nega a existência do racismo, o constituinte, ao contrário, o reconhece e o rechaça. Não há margem de interpretação contrária no texto constitucional: o racismo é um ato ilícito e um desvalor intolerável, pois viola o direito fundamental à igualdade racial. A discriminação racial não é condizente com o modelo de construção social buscado na Constituição de 1988.

Na verdade, há um dever expresso de proteção e coibição de condutas antidiscriminatórias: o imperativo de tutela. Logo, diante do reconhecimento da igualdade, surge o dever de assegurá-la por todos os meios disponíveis.

Portanto, o racismo é ato ilícito gravíssimo, e existe um direito constitucional e fundamental à promoção da igualdade racial. Por consequência, há um dever estatal, por meio de programas, políticas públicas, instrumentos legais e outras ações materiais e coletivas, em busca de minorar a desigualdade racial, assim como da sociedade, uma vez que as diretrizes constitucionais também espraiam efeitos às relações privadas (alguns julgamentos do Supremo Tribunal Federal sobre eficácia horizontal dos direitos fundamentais: ARE 1008625 AgR/SP, RE 201819/RJ e RE 639138/RS).

Assim, há uma matriz constitucional que justifica a sanção, no âmbito civil, da conduta racista, que, por vezes, vulnerará a dignidade de todo um grupo social.

3 DIREITOS DA PERSONALIDADE: DIGNIDADE HUMANA

A pessoa está no epicentro do sistema normativo. Após a Constituição da República, pode-se afirmar que a tutela da pessoa não se dá de forma abstrata, conforme previsto na Declaração Universal dos Direitos do Homem.

A Constituição tutela a pessoa enquanto criança e idoso. Ainda, enquanto trabalhador urbano ou rural ou como servidor público. Também identifica-se a proteção à mulher, ao quilombola, ao encarcerado, à pessoa portadora de deficiência, ao doente, ao consumidor, ao indígena e à pessoa negra. A tutela constitucional da dignidade humana tem rosto e acolhe o contexto em que a pessoa destinatária de proteção está inserida. Isto é, em suas relações sociais, familiares, de afeto, de consumo, comerciais e econômicas, de propriedade e interpessoais.

Assim, avulta de importância pinçar a ideia de dignidade humana, enquanto valor comum fundante do sistema constitucional. A dignidade, inicialmente, concebe um valor intrínseco e intranscendente à pessoa dotada de autonomia, vedando que ela seja instrumento de realização de fins desvinculados de sua natureza. Nesse sentido, expõe o ministro do Supremo Tribunal Federal, Luís Roberto Barroso:

> [...] podem ser assim enunciadas: a conduta ética consiste em agir inspirado por uma máxima que possa ser convertida em lei universal; todo homem é um fim em si mesmo, não devendo ser funcionalizado a projetos alheios; as pessoas humanas não têm preço nem podem ser substituídas, possuindo um valor absoluto, ao qual se dá o nome de dignidade. (Barroso, 2010)

Dignidade passaria a significar a posição mais elevada, merecedora de distinção, respeito e máximo de direitos reconhecida à generalidade das pessoas.

Topicamente, dando densidade à tutela constitucional da pessoa dotada de dignidade, houve a previsão de direitos da personalidade. Com pretensão à universalidade, os direitos da personalidade protegem um plexo de atributos, interesses, relações e desdobramentos da pessoa, podendo-se ilustrar: nome, honra, integridade psicofísica e moral.

Assim, as práticas discriminatórias, que exemplificam as definições de racismo estrutural, institucional ou recreativo, são ofensivas à dignidade da pessoa, aos direitos da personalidade e ao imperativo de tutela de promoção do direito fundamental à igualdade racial. Outrossim, tais condutas (omissivas ou positivas), juridicamente, são atos ilícitos e ensejam a responsabilidade civil do infrator. No entanto, a forma como é veiculada a ofensa, por espraiar efeitos para outras pessoas, atinge toda uma coletividade.

III.B.4 ATOS DISCRIMINATÓRIOS: O RACISMO E A RESPONSABILIDADE CIVIL

A reparação do dano é instituto pertinente ao Estado de Direito, especialmente à concepção de proteção dos direitos e da imposição de deveres. Em obra clássica, Marco Bernardes de Mello leciona o seguinte:

> Todo ordenamento jurídico, com maior ou menor intensidade, contém, como básico, o princípio da incolumidade das esferas jurídicas individuais, consideradas estas, em sentido lato, o conjunto de direitos e deveres mensuráveis, ou não, economicamente, relacionados a alguém. (Mello, 2012).

Ninguém é dado interferir, legitimamente, na esfera jurídica alheia, sem o consentimento de seu titular ou autorização do ordenamento jurídico, donde haver um dever jurídico genérico, absoluto, no sentido de que cabe a todos, de não causar danos aos outros. [...] constitui ilícito todo fato, conduta ou evento contrário a direito que seja imputável a alguém com capacidade delitual (de praticar ato ilícito).

Assim, a responsabilidade civil se estrutura nos seguintes elementos: conduta ilícita ou abusiva, nexo de causalidade ou imputação e dano. Por seu turno, o Código Civil, na sistemática de cláusulas gerais, contém as seguintes previsões: Art. 186. Aquele que, por ação ou omissão voluntária, negligência ou imprudência, violar direito e causar dano a outrem, ainda que exclusivamente moral, comete ato ilícito. Art. 187. Também comete ato ilícito o titular de um direito que, ao exercê-lo, excede manifestamente os limites impostos pelo seu fim econômico ou social, pela boa-fé ou pelos bons costumes. Ainda, há que se atentar para a função punitiva da responsabilidade civil, assim definida pela doutrina:

A pena privada é uma sanção punitiva imposta ao particular em razão da sua conduta lesiva quando a simples reparação não for suficiente para remediar o mal realizado. [...] A opção da punição na responsabilidade civil não é necessariamente um translado das normas aplicáveis nos Estados Unidos e na Inglaterra para a realidade brasileira, posto que o instituto dos *punitive damages* é apenas uma das formas existentes de pressão. Pelo contrário, a aplicação da pena privada no Brasil se mostra viável por princípios e cláusulas gerais próprios trazidos em artigos específicos da Constituição Federal e do Código Civil 15.

Além disso, discute-se, em âmbito acadêmico, novas formas de danos. Há qualificação em danos existenciais, morais coletivos e sociais. Alguns se restringem a dada relação jurídica e outros que de um fato se originam, mas afetam valores difusos ou coletivos.

III.B.5 DA OBRIGAÇÃO IDENIZATÓRIA:

A Carta Magna traz em seu artigo 5º que todos são iguais perante a lei, sem distinção de qualquer natureza. Neste sentido, a situação em tela se desprende do contexto moral e contextualiza uma questão jurídica por incidir mácula à dignidade da pessoa humana.

Aquilo que conecta a requerida à sua fé foi objeto de inconteste discriminação. Resta aqui configurada situação de **RACISMO RELIGIOSO**, absolutamente aviltante para aquela comunidade que, por sua vez, além de lidar com a situação preconceituosa, se viu obrigada a mudar ritos públicos e a ter cautelas ao realizar cultos abertos no bairro, sob pena de ter questionada sua credibilidade perante a sociedade e sua comunidade.

Tendo sua dignidade ofendida, é a reparação civil prevista no artigo 186 do CC (configurada a prática do ilícito) a única medida possível a abrandar a situação vexatória experimentada.

Pouco crível que ínfimos valores financeiros vedarão a ocorrência de novos atos discriminatórios com supedâneo na religião, portanto, uma condenação justa é medida que se impõe. Estamos aqui diante do ilícito de racismo religioso, passível de indenização moral. O montante que poderia ser considerado não irrisório é de até 100 (cem) vezes o valor pago como sinal da locação.

A violação do que é sagrado não pode ficar impune. Manipular o descumprimento da obrigação civil sob o prisma inconstitucional de intolerância religiosa é algo que a legislação desampara. O art. 186 e o art. 927 do Código Civil de 2002 assim estabelecem:

> Art. 186. Aquele que, por ação ou omissão voluntária, negligência ou imprudência, violar direito e causar dano a outrem, ainda que exclusivamente moral, comete ato ilícito.
>
> Art. 927. Aquele que, por ato ilícito (arts. 186 e 187), causar dano a outrem, fica obrigado a repará-lo.

É fato que as Requeridas ocasionaram danos ao Requerente, por essa razão, baseada no dispositivo legal supramencionado, o Requerente faz jus à indenização referente aos danos morais. No que concerne ao quantum indenizatório, forma-se o entendimento jurisprudencial, mormente em sede de dano moral, no sentido de que a indenização pecuniária não tem apenas cunho de reparação de prejuízo, MAS TAMBÉM CARÁTER PUNITIVO OU SANCIONATÓRIO, PEDAGÓGICO, PREVENTIVO E REPRESSOR:

A indenização não apenas repara o dano, mas também atua como forma educativa ou pedagógica para o ofensor e intimidativa para evitar perdas e danos futuros. As situações de angústia, paz de espírito abalada, de mal-estar e amargura devem somar-se nas conclusões do juiz para que este saiba dosar com justiça a condenação do ofensor.

Portanto, diante do caráter disciplinar e desestimulador da indenização, do poderio econômico das Requeridas, das circunstâncias do evento e da gravidade dos danos, mostra-se justo e razoável a condenação por danos morais.

III.B.6 DA VIOLAÇÃO AOS VALORES FUNDAMENTAIS DA HONRA E DA DIGNIDADE DE GRUPO RELIGIOSO

Um dos pilares da ordem democrática consiste no fato de que a observância dos padrões constitucionais – notadamente a vedação a qualquer forma de discriminação atentatória aos direitos e liberdades fundamentais (CF, art. 5º, XLI) – representa fator essencial à preservação e à consolidação de uma sociedade aberta e plural.

Com efeito, é necessário assegurar, em nosso sistema jurídico, a proteção das minorias e dos grupos vulneráveis, como fundamento imprescindível à plena legitimação material do Estado Democrático de Direito. A democracia exige a garantia de efetividade dos direitos fundamentais não apenas de forma **vertical** (quando há relação direta entre o Estado – aqui representado pelo Município de Itaboraí – e o particular, no caso, a coletividade ofendida pelo discurso de intolerância religiosa), mas também de forma **horizontal** (nas relações entre particulares, como ocorre entre o réu e a coletividade). Essa perspectiva é defendida pelo **neoconstitucionalismo** e consolidada na jurisprudência do Supremo Tribunal Federal.

Atualmente, a doutrina já reconhece, ainda, a chamada **eficácia diagonal dos direitos fundamentais**. Isso porque nem sempre as relações privadas se apresentam de maneira igualitária, havendo, frequentemente, desequilíbrio de forças entre os particulares. Nesse contexto, a eficácia diagonal busca garantir a incidência dos direitos fundamentais justamente em situações de hipossuficiência e vulnerabilidade – como a das pessoas que, no presente caso, foram atingidas pela intolerância religiosa.

Portanto, não se trata apenas de discutir a aplicação direta dos direitos fundamentais às relações privadas – ideia já amplamente aceita no campo acadêmico e na jurisprudência nacional e internacional –, mas sim de definir *como* essa aplicação deve ocorrer. Para tanto, impõe-se a utilização da técnica do **sopesamento**, com fundamento no **princípio da proporcionalidade** (ou razoabilidade) e no **princípio da concordância prática** (harmonização), de modo a ponderar os valores constitucionais em conflito e adaptá-los às particularidades do caso concreto, como será analisado adiante.

É nesse contexto que o Supremo Tribunal Federal, no exercício da jurisdição constitucional, tem proferido decisões de caráter nitidamente contra majoritário, em clara demonstração de que a Corte Suprema busca resguardar a intangibilidade de direitos, interesses e valores de grupos minoritários expostos a vulnerabilidades de ordem religiosa, social ou econômica, tornando-se alvos frequentes de intolerância, perseguição, discriminação e exclusão injusta.

É incontestável que a **liberdade religiosa** constitui pressuposto essencial à prática do regime democrático. A livre expressão de ideias, pensamentos e convicções, em sede confessional, não pode – nem deve – ser impedida pelo Poder Público ou submetida a interferências arbitrárias do Estado.

Todavia, a liberdade de expressão não se confunde com a liberdade de agredir direitos fundamentais, como o da liberdade religiosa. A intolerância religiosa transgride, de modo direto e grave, valores estruturantes da ordem constitucional, especialmente a **dignidade da pessoa humana** (CF, art. 1º, III), fundamento basilar do Estado Democrático de Direito.

Conforme o entendimento manifestado no brilhante voto vencedor do Min. Dias Toffoli em sede de julgamento do Recurso Ordinário em Habeas Corpus n. 146.303/RJ da 2ª Turma do Supremo Tribunal Federal.

Nesse passo, há, em meu entender, que se fazer distinção entre o discurso religioso (que é centrado na própria crença e nas razões da crença) e o discurso sobre a crença alheia, especialmente quando se faça com intuito de atingi-la, rebaixá-la ou desmerecê-la (ou a seus seguidores). Um é tipicamente a representação do direito à liberdade de crença religiosa; outro, em sentido diametralmente oposto, é o ataque ao mesmo direito.

Isso, ressalte-se, está consolidado em documentos internacionais. O Pacto Internacional dos Direitos Civis e Políticos, de 1966, por exemplo, em seu artigo 18, item 3, seguindo as mesmas diretrizes da Declaração Universal dos Direitos do Homem, de 1948, fez a seguinte especificação quanto às fronteiras do direito à liberdade de religião:

> A liberdade de manifestar a própria religião ou crença estará sujeita apenas às limitações previstas em lei e que se façam necessárias para proteger a segurança, a ordem, a saúde ou a moral pública ou os direitos e as liberdades das demais pessoas" (grifei). A mesma ideia foi ratificada pelo Brasil em âmbito regional. Os exatos termos acima foram também transcritos no art. 12, item 3, do Pacto de São José da Costa Rica (Convenção Americana de Direitos Humanos), da qual o Brasil é signatário. (STF, RHC n. 146.303/RJ, 2ª Turma, rel. p/ acórdão Min. Dias Toffoli, j. 06/03/2018, DJe 07/08/2018).

Diante de aparente conflito entre a liberdade de expressão e a vedação à discriminação religiosa, a doutrina e a jurisprudência destacam a aplicação do princípio da concordância prática ou harmonização, conforme se vê da doutrina especializada de Pedro Lenza:

> Partindo da ideia de unidade da Constituição, os bens jurídicos constitucionalizados deverão coexistir de forma harmônica na hipótese de eventual conflito ou concorrência entre eles, buscando, assim, evitar o sacrifício (total) de um princípio em relação a outro em choque. O fundamento da ideia de concordância decorre da inexistência de hierarquia entre os princípios (Lenza, 2017, p. 157).

Nesse mesmo sentido, ensina o professor Canotilho:

> o campo de eleição do princípio da concordância prática tem sido até agora o dos direitos fundamentais (colisão entre direitos fundamentais ou entre direitos fundamentais e bens jurídicos constitucionalmente protegidos). Subjacente a este princípio está a ideia do igual valor dos bens constitucionais (e não uma diferença de hierarquia) que impede, como solução, o sacrifício de uns em relação aos outros, e impõe o estabelecimento de limites e condicionamentos recíprocos de forma a conseguir uma harmonização ou concordância prática entre estes bens (Canotilho, 1993, p. 228).

De acordo com a doutrina, o princípio da proporcionalidade ou da razoabilidade:

> em essência, consubstancia uma pauta de natureza axiológica que emana diretamente das ideias de justiça, equidade, bom senso, prudência, moderação, justa medida, proibição de excesso, direito justo e valores afins; precede e condiciona a positivação jurídica, inclusive de âmbito constitucional; e,

> 5 LENZA, Pedro. Direito constitucional esquematizado. 8 ed. São Paulo: Saraiva, 2014. 6 CANOTILHO, J. J. Gomes. Direito constitucional e teoria da Constituição. 6. ed. rev. Coimbra: Almedina, 1993. 7 COELHO, Inocêncio Mártires Interpretação constitucional. 3. ed. rev. e aum. São Paulo Saraiva, 2007. ainda, enquanto princípio geral do direito, serve de regra de interpretação para todo o ordenamento jurídico (Coelho, 2007, p. 109).

O princípio da proporcionalidade ou razoabilidade ganha especial destaque em situações de colisão entre valores constitucionalmente protegidos. Como parâmetro, a doutrina destaca a necessidade de preenchimento de três importantes elementos:

> **Necessidade:** por alguns denominada exigibilidade, a adoção da medida que possa restringir direitos só se legitima se indispensável para o caso concreto e não se puder substitui-la por outra menos gravosa;
>
> **Adequação:** também chamado de pertinência ou idoneidade, quer significar que o meio escolhido deve atingir o objetivo perquirido;
>
> **Proporcionalidade em sentido estrito:** sendo a medida necessária e adequada, deve -se investigar se o ato praticado, em termos de realização do objetivo pretendido, supera a restrição a outros valores constitucionalizados. Podemos falar em máxima efetividade e mínima restrição. (Lenza, 2007, p. 157).

Ampliando a interpretação doutrinária sobre o alcance do princípio da proporcionalidade, merece destaque o entendimento a seguir:

> A doutrina constitucional mais moderna enfatiza que, em se tratando de imposição de restrições a determinados direi-

> tos, deve-se indagar não apenas sobre a admissibilidade constitucional da restrição eventualmente fixada (reserva legal), mas também sobre a compatibilidade das restrições estabelecidas com o princípio da proporcionalidade. Essa orientação, que permitiu converter o princípio da reserva legal (Gesetzesvorbehalt) no princípio da reserva legal proporcional (Vorbehalt des verhältnismässigen Gesetzes), pressupõe não só a legitimidade dos meios utilizados e dos fins perseguidos pelo legislador, mas também a adequação desses meios para consecução dos objetivos pretendidos (Geeignetheit) e a necessidade de sua utilização (Notwendigkeit oderErforderlichkeit).
>
> O subprincípio da adequação (Geeignetheit) exige que as medidas interventivas adotadas se mostrem aptas a atingir os objetivos pretendidos. A Corte Constitucional examina se o meio é "simplesmente inadequado" (schlechthin ungeeignet), "objetivamente inadequado" (objetktiv ungeeignet) manifestamente inadequado ou desnecessário (offenbar ungeeignet oder unnötig), "fundamentalmente inadequado (grundsätzlich ungeeignet), ou "se com sua utilização o resultado pretendido pode ser estimulado" (ob mit seiner Hilfe der gewünschte Erfolg gefördet werden kann).
>
> O subprincípio da necessidade (Notwendigkeit oder Erforderlichkeit) significa que nenhum meio menos gravoso para o indivíduo revelar-se-ia igualmente eficaz na consecução dos objetivos pretendidos. Em outros termos, o meio não será necessário se o objetivo almejado puder ser alcançado com a adoção de medida que se revele a um só tempo adequada e menos onerosa" (Mendes *et al.*, 2008, p. 331-332).

De acordo com a doutrina de Humberto Ávila, a interpretação e a aplicação de princípios e regras deve ocorrer com base nos postulados normativos: (i) inespecíficos, quais sejam, a ponderação (atribuindo-se pesos), a concordância prática e a proibição de excesso (garantindo a manutenção de um mínimo de eficácia dos direitos fundamentais): (ii) e específicos, destacando-se o postulado da igualdade, o da razoabilidade e o da proporcionalidade (Ávila, 2007). Na lição do professor Daniel Sarmento (2006, p. 244-245)

> Ademais, a compreensão de que o princípio da dignidade da pessoa humana representa o centro de gravidade da ordem jurídica, que legitima, condiciona e modela o direito positivado, impõe no nosso entendimento, a adoção da teoria da eficácia direta dos direitos fundamentais nas relações entre particulares. De fato, sendo os direitos fundamentais concretizações ou exteriorizações daquele princípio, é preciso expandir para todas as esferas da vida humana a incidência dos mesmos, pois, do contrário, a proteção à dignidade da pessoa humana – principal objetivo de uma ordem constitucional democrática permaneceria incompleta. Condicionar a garantia da dignidade do ser humano nas suas relações privadas à vontade do legislador, ou limitar o alcance das concretizações daquele princípio à interpretação das cláusulas gerais e conceitos jurídicos indeterminados do Direito Privado, significa abrir espaço para que, diante da omissão do poder legislativo, ou da ausência de cláusulas gerais apropriadas, fique irremediavelmente comprometida uma proteção, que, de acordo com a axiologia constitucional, deveria ser completa e cabal

Nesse tema, merece ser citado o julgamento do "*Caso Ellwanger*" (STF, HC 82.424, Plenário, rel. p/ acórdão Min. Maurício Corrêa, j. 17/09/2003, DJ 19/03/2004), que teve importante discussão sobre os limites do direito à liberdade de expressão em face de outros direitos fundamentais como a dignidade humana e a igualdade, em caso concreto que compreendeu publicação de obras antissemitas. André de Carvalho Ramos analisa o julgado (Ramos, 2021, p. 744-745):

> O STF debateu essa temática no chamado "Caso Ellwanger", no qual foram discutidos os limites da liberdade de expressão e seu alcance no caso da publicação de obras antissemitas. De acordo com a maioria dos votos (vencidos os Ministros Marco Aurélio e Carlos Britto, que valorizaram a liberdade de expressão), não há garantia constitucional absoluta. Ou seja, as liberdades públicas não são incondicionais, por isso devem ser exercidos de maneira harmônica, observados os limites explícitos e implícitos (fruto da proporcionalidade e ponderação com outros direitos) previstos na Constituição e nos tratados de direitos humanos. A liberdade de expressão não pode ser invocada para abrigar "exteriorizações revestidas de ilicitude penal" (passagem do voto do Min. Celso de Mello). Em vários votos, como, por exemplo, o do Min. Gilmar Mendes, foram feitas referências à colisão entre a liberdade de expressão e o direito à igualdade, bem como à dignidade humana, admitindo-se que não era caso de se privilegiar a liberdade de expressão de ideias racistas antissemitas. Consequentemente, decidiu o STF que o "preceito fundamental de liberdade de expressão não consagra o 'direito à incitação ao racismo', dado que um direito individual não pode constituir-se em salvaguarda de condutas ilícitas, como sucede com os delitos contra a honra. Prevalência dos princípios da 12 RAMOS, André de Carvalho. Curso de direitos humanos. 8. ed. São Paulo: Saraiva Educação, 2021. dignidade da pessoa humana e da igualdade jurídica" (HC 82.424, rel. p/ o ac. Min. Presidente Maurício Corrêa, j. 17 – 09-2003, Plenário, DJ de 19-03-2004).

No presente caso, à luz dos princípios da concordância prática, da proporcionalidade e da razoabilidade, o discurso do demandado transbordou os limites do direito à liberdade de expressão ao ofender a honra e a dignidade de grupos religiosos, quais sejam os praticantes da Umbanda e de religiões de matriz africana, que foram humilhados (por expressões como "endemoniados") e ameaçados ("prepara para ver muito centro de Umbanda sendo fechado na cidade"), por tais falas.

III.B.7 DA RESPONSABILIDADE CIVIL POR DANO MORAL COLETIVO: OS DEVERES DE INDENIZAÇÃO E DE RETRATAÇÃO PÚBLICA

A fala do réu, transcrita no item um desta inicial, consiste em ato ilícito por violar a liberdade religiosa, mediante promoção de discurso de ódio e de intolerância religiosa. Assim, tal fala causou dano moral coletivo aos praticantes ou crentes de religiões de Umbanda e de matriz africana, de maneira que o réu deve ser condenado à indenização pelos danos morais coletivos ocasionados por sua conduta ilícita. Para tanto, cumpre demonstrar, nas linhas que se seguem, a conceituação do instituto, assim como a caracterização, pelas condutas trazidas à baila, do dever jurídico de indenizar. O dano moral coletivo é, segundo definição de Anderson Schreiber:

> lesão a um interesse que se quer efetivamente supraindividual, um interesse que não pertence a cada uma das vítimas, (como a sua saúde), mas que pertence a toda uma coletividade (determinada ou indeterminada) de pessoas e que é, exatamente por essa razão, indivisível entre os seus titulares (CDC, art. 81, I e II: diferença entre difuso e coletivo) (Schreiber, 2021, p. 671).

É oportuno lembrar que já há algum tempo vem sendo aceita, em nosso ordenamento jurídico, a ideia de dano moral coletivo, amparando-se no microssistema coletivo e na própria definição do instituto. A propósito, cumpre invocar a doutrina de Emerson Garcia e Rogério Pacheco Alves (Garcia; Alves, 2011, p. 843-844):

No campo dos interesses difusos, a indenizabilidade do dano moral se vê expressamente admitida pelo art. 1º da Lei da Ação

Civil Pública, com a redação dada pela Lei n. 8.884, de 11 de junho de 1994 [...]. Antes mesmo da referida alteração legislativa, a matéria já encontrava expressa previsão no art. 6º, VI, do CDC. Evidentemente, se o indivíduo pode ser vítima de dano moral, não há por que não possa sê-lo a coletividade.

Assim, pode-se afirmar que o dano moral coletivo é a injusta lesão da esfera moral de uma dada comunidade, ou seja, é a violação antijurídica de um determinado círculo de valores coletivos. Quando se fala em dano moral coletivo, faz-se menção ao fato de que o patrimônio valorativo de uma certa comunidade (maior ou menor), idealmente considerado, foi agredido de maneira absolutamente injustificável do ponto de vista jurídico. Quer isso dizer, em última instância, que se feriu a própria cultura, em seu aspecto imaterial.

Não se desconhece a posição no sentido da negativa da indenizabilidade dos danos morais difusos por uma suposta incompatibilidade do dano moral com a ideia de transindividualidade e do padrão de indivisibilidade da ofensa e da reparação da lesão.

Conforme sustenta Gajardoni, porém, essa posição peca por apresentar uma visão completamente individualista (civilista) do fenômeno. Além de reincidir no erro de considerar estritamente individuais os direitos e interesses individuais homogêneos – admitindo indenização por danos morais apenas quando haja ofensa a eles –, relacionar a ocorrência dos danos morais unicamente aos direitos da personalidade fazia sentido na origem da discussão da indenizabilidade das ofensas à moral. Mas não tem mais o mínimo sentido em pleno século XXI, especialmente se o tema é debatido no âmbito da tutela dos interesses metaindividuais (Gajardoni, 2016, p. 153).

Ressalte-se, porém, que o art. 6º, VI, da Lei n. 8.078/90, aplicável à luz do microssistema de tutela coletiva, impõe "a efetiva prevenção e reparação de danos patrimoniais e morais, individuais, coletivos e difusos".

Contemporaneamente, a indenizabilidade do dano moral coletivo possui aceitação na jurisprudência pátria. Assinale-se que, "com a difusão majoritária na doutrina da conceituação do dano moral coletivo como lesão a interesses valorosos, indivisivelmente fruídos por todos os membros de um grupo ou da coletividade, a jurisprudência do STJ se 15 (Coord.).[41] O processo coletivo refém do individualismo. Modificou, evoluiu, e acabou por aceitar o modelo conceitual do dano moral coletivo. Podemos ilustrar pelas seguintes passagens: (a) violação da honra de uma comunidade difusa (raça, orientação sexual, etnia, portadores de deficiência), como programas televisivos que ostensivamente e discriminam homossexuais pela via de "pegadinhas [...]" (Farias; Netto; Rosenvald, 2021, p. 681, grifo nosso).

Assim, é reconhecida em jurisprudência a utilização da ação civil pública como via processual apta à postulação de indenização por danos morais coletivos. Cite-se como exemplo o seguinte julgado da Segunda Turma do E. Superior Tribunal de Justiça, cuja ementa se transcreve (grifo do autor):

> ADMINISTRATIVO E PROCESSUAL CIVIL. VIOLAÇÃO DO ART. 535 DO CPC. OMISSÃO INEXISTENTE. AÇÃO CIVIL PÚBLICA. DIREITO DO CONSUMIDOR. TELEFONIA. VENDA CASADA. SERVIÇO E APARELHO. OCORRÊNCIA. DANO MORAL COLETIVO. CABIMENTO. RECURSO ESPECIAL IMPROVIDO. [...] 7. A possibilidade de indenização por dano moral está prevista no art. 5º, inciso V, da Constituição Federal, não havendo restrição da violação à esfera individual. A evolução da sociedade e da legislação têm levado a doutrina e a jurisprudência a entender que, quando são atingidos valores e interesses fundamentais de um grupo, não há como negar a essa coletividade a defesa do seu patrimônio imaterial. 8. O dano moral coletivo é a

---

[41] ZANETI, Hermes. Processo Coletivo. Juspodivm, 2016. Coleção Repercussões do Novo CPC, v. 8. *In:* GAJARDONI, Fernando da Fonseca.

lesão na esfera moral de uma comunidade, isto é, a violação de direito transindividual de ordem coletiva, valores de uma sociedade atingidos do ponto de vista jurídico, de forma a envolver não apenas a dor psíquica, mas qualquer abalo negativo à moral da coletividade, pois o dano é, na verdade, apenas a consequência da lesão à esfera extrapatrimonial de uma pessoa. 9. Há vários julgados desta Corte Superior de Justiça no sentido do cabimento da condenação por danos morais coletivos em sede de ação civil pública. Precedentes: EDcl no AgRg no AgRg no REsp 1440847/RJ, Rel. Ministro 16 FARIAS, Cristiano Chaves de; NETTO, Felipe Braga; ROSENVALD, Nelson. Manual de Direito Civil: Volume Único. 6 ed. Salvador: Ed. JusPodivm, 2021. MAURO CAMPBELL MARQUES, SEGUNDA TURMA, julgado em 07/10/2014, DJe 15/10/2014, REsp 1269494/MG, Rel. Ministra ELIANA CALMON, SEGUNDA TURMA, julgado em 24/09/2013, DJe 01/10/2013; REsp 1367923/RJ, Rel. Ministro HUMBERTO MARTINS, SEGUNDA TURMA, julgado em 27/08/2013, DJe 06/09/2013; REsp 1197654/MG, Rel. Ministro HERMAN BENJAMIN, SEGUNDA TURMA, julgado em 01/03/2011, DJe 08/03/2012. 10. Esta Corte já se manifestou no sentido de que "não é qualquer atentado aos interesses dos consumidores que pode acarretar dano moral difuso, que dê ensanchas à responsabilidade civil. Ou seja, nem todo ato ilícito se revela como afronta aos valores de uma comunidade. Nessa medida, é preciso que o fato transgressor seja de razoável significância e desborde os limites da tolerabilidade. Ele deve ser grave o suficiente para produzir verdadeiros sofrimentos, intranquilidade social e alterações relevantes na ordem extrapatrimonial coletiva. (REsp 1.221.756/RJ, Rel. Min. MASSAMI UYEDA, DJe 10.02.2012). 11. A prática de venda casada por parte de operadora de telefonia é capaz de romper com os limites da tolerância. No momento em que oferece ao consumidor produto com significativas vantagens – no caso, o comércio de linha telefônica com valores mais interessantes do que a de seus concorrentes – e de outro, impõe-lhe a obrigação de aquisição de um aparelho telefônico por ela comercializado, realiza prática comercial apta a causar sensação de repulsa coletiva a ato intolerável tanto intolerável que encontra proibição expressa em lei. 12. Afastar, da espécie, o dano moral difuso, é fazer tabula rasa da proibição elencada no art. 39, I, do CDC e, por via reflexa, legitimar práticas comerciais que afrontem os mais basilares direitos do consumidor. 13. Recurso especial a que se nega provimento. (STJ, REsp n. 1.397.870/MG, 2ª Turma, Rel. Min. Mauro Campbell Marques, j. 02/12/2014, DJe 10/12/2014) O discurso de intolerância religiosa praticado pelo demandado em evento público, transmitido via Internet e repercutido amplamente na imprensa brasileira, acarretou grave dano à coletividade atingida em seus valores mais preciosos: a honra e a dignidade, estando evidente o nexo de causalidade entre a conduta comissiva do demandado e o dano moral coletivo dela decorrente de forma direta e sendo nítida a voluntariedade da conduta. Trata-se de ato ilícito configurador de responsabilidade civil (art. 927, caput, CC/2002), considerado que o abuso de direito também constitui um ato ilícito no direito civil pátrio (art. 187, CC/2002). Merece, assim, ser o réu condenado a uma indenização de caráter pecuniário, proporcional à extensão do dano causado, como preceitua o art. 944, caput, do Código Civil. Mas a quantificação desse dano extrapatrimonial não pode ter por critério exclusivo a extensão do dano – que, no presente caso, já é superlativo. Como observado pelo Min. Ricardo Villas Bôas Cueva (STJ, 3ª Turma, REsp 1677957/PR, Rel. Min. Ricardo Villas Bôas Cueva, j. 24/04/2018, DJe. 30/04/2018): "Cumpre asseverar que a doutrina e a jurisprudência majoritárias se consolidaram no sentido de que a reparação do dano moral deve se pautar por parâmetros como

> a capacidade econômica dos ofensores, as condições pessoais das vítimas e o caráter pedagógico e sancionatório da indenização." A título ilustrativo, cite-se julgado do E. Tribunal de Justiça do Estado do Rio de Janeiro que compreendeu, em sede de ação civil pública, a condenação da ré ao pagamento da quantia de R$ 300.000,00 como indenização de dano moral coletivo em virtude da comercialização de disco musical contendo canção de teor ofensivo à raça negra. Nos termos do Relator, Des. Mario Robert Mannheimer, fazendo um juízo sobre o caráter preventivo da condenação: "Por outro lado, a indenização deve servir de desestímulo para a própria ré e outros produtores culturais para que adotem os necessários cuidados no sentido de impedir que os meios de comunicação possam se constituir em veículo de disseminação do preconceito contra grupos étnicos, ainda que de forma culposa" (TJRJ, Décima Sexta Câmara Cível, Apelação Cível n. 0032791-25.1997.8.19.0001, Rel. Des. Mario Robert Mannheimer, j. 10/02/2004, p. 11/05/2004).

Deve-se observar, ainda, que o ordenamento jurídico brasileiro permite a reparação do dano moral não apenas pela compensação pecuniária, como também por outros meios como a retratação pública. Tal medida é reconhecida em sede doutrinária, vide Enunciado n. 589 da VII Jornada de Direito Civil: "A compensação pecuniária não é o único modo de reparar o dano extrapatrimonial, sendo admitida a reparação in natura, na forma de retratação pública ou outro meio".

Também na jurisprudência vem se acolhendo essa possibilidade, com a conjugação da compensação em pecúnia com a retratação pública como forma de reparação de dano moral coletivo, como se verifica em recente julgado do TRF-2:

> CONSTITUCIONAL. AÇÃO CIVIL PÚBLICA. PUBLICAÇÃO OFENSIVA À COMUNIDADE LGBT. CONFLITO DE

VALORES E PRINCÍPIOS. LIBERDADE DE EXPRESSÃO VERSUS DIGNIDADE DA PESSOA HUMANA, DA IGUALDADE E DA VEDAÇÃO A QUALQUER DISCRIMINAÇÃO ATENTATÓRIA DOS DIREITOS E DAS LIBERDADES FUNDAMENTAIS. PROIBIÇÃO DE PROTEÇÃO INSUFICIENTE DOS DIREITOS FUNDAMENTAIS. TÉCNICA DA PONDERAÇÃO, SOB O CRIVO DA PROPORCIONALIDADE E DA PROIBIÇÃO DO EXCESSO. DANO MORAL COLETIVO. RAZOABILIDADE. RETRATAÇÃO PÚBLICA. APELAÇÃO PARCIALMENTE PROVIDA. [...] O STF, EM MAIS DE UMA OPORTUNIDADE, JÁ DECIDIU QUE A LIBERDADE DE EXPRESSÃO NÃO ABARCA O CHAMADO "DISCURSO DE ÓDIO" (HATE SPEECH), OU SEJA, AQUELE DISCURSO DIRIGIDO CONTRA UMA PESSOA OU GRUPO TENDO POR BASE DISCRIMINAÇÃO DE GÊNERO, RAÇA, ETNIA, ORIENTAÇÃO SEXUAL, RELIGIÃO OU QUALQUER OUTRO ASPECTO PASSÍVEL DE DISCR IMINAÇÃO: HC 82.424, REL. P/ O AC. MIN. MAURÍCIO CORRÊA, J. 17 -9-2003, P, DJ DE 19 -3-2004; RHC 134.682, REL. MIN. EDSON FACHIN, J. 29 -11-20 16, 1ª T, DJE DE 29 – 8-2017.] VIDE ADI 2.566, REL. P/ O AC. MIN. EDSON FACHIN, J. 16 – 5-2018, P, DJE DE 23 -10-2018. ASSIM SENDO, FICA EVIDENCIADA, FAZENDO USO DA EXPRESSÃO UTILIZADA PELA MIN. CÁRMEN LÚCIA EM SEU VOTO NA ADO 26, A VERDADEIRA BARBÁRIE DO DISCURSO EXTERNADO PELO APELADO NO PERFIL NA REDE SOCIAL, QUE NÃO PODE SER ADMITIDO COMO NORMAL OU INOFENSIVO POR UMA ORDE M CONSTITUCIONAL DEMOCRÁTICA, QUE PREZA PELA DIGNIDADE DA PESSOA HUMANA, PELA PLURALIDADE E PELA PROMOÇÃO DO BEM DE TODOS, SEM PRECONCEITOS DE ORIGEM, RAÇA, SEXO,

17 Justificativa do Enunciado n. 589 da VII Jornada de Direito Civil: "Não há, no Código Civil, norma que imponha a indenização pecuniária como meio exclusivo para reparação

> do dano extrapatrimonial. Causado dano desta natureza, nasce para o ofensor a obrigação de reparar (art. 927), o que deverá ocorrer na forma de uma compensação em dinheiro e/ou de ressarcimento in natura, conforme tem admitido a doutrina (por todos: SCHREIBER, Anderson. Reparação Não-Pecuniária dos Danos Morais. In: Gustavo Tepedino e Luiz Edson Fachin (Org.). Pensamento crítico do Direito Civil brasileiro. Curitiba: Juruá Editora, 2011). No plano constitucional, tal entendimento revela-se compatível com o quanto dispõe o art. 5º, inc. V, que, dirigido ao ofendido, assegura o direito de resposta, além de indenização em função do dano causado. Por último, o ressarcimento in natura revela-se compatível com uma lógica de despatrimonialização da responsabilidade civil, de modo a garantir ao ofendido a reparação integral do dano, o que nem sempre é alcançado mediante simples pagamento em dinheiro."

Como também:

> COR, IDADE E QUAISQUER OUTRAS FORMAS DE DISCRIMINAÇÃO. TAL DISCURSO VILIPENDIA E AGRIDE FRONT ALMENTE A DIGNIDADE DAQUELES QUE SE IDENTIFICAM COM A MINORIA HOMOSSEXUAL OU POSSUEM ENTES QUERIDOS NESSA CATEGORIA, HISTORICAMENTE DISCRIMINADA, AO SE DEPARAR COM TAL POST NAS REDES SOCIAIS, AGRIDE, TAMBÉM, TODOS AQUELES QUE TENHAM QUALQUER APREÇO PELOS V ALORES BÁSICOS DA HUMANIDADE, CONSAGRADOS EM DIVERSOS TRATADOS INTERNACIONAIS DE DIREITOS HUMANOS DOS QUAIS O BRASIL FAZ PARTE. O ÓDIO DEMONSTRADO NA POSTAGEM CONTRIBUI, OUTROSSIM, AO LADO DE MILHARES DE ATOS SIMILARES ESPALHADOS NA INTERNET, SUPOSTAMENTE ACOBERTADOS PELO DISTANCIAMENTO DO AMBIENTE VIRTUAL,

PARA ENCORAJAR E FOMENTAR DIVERSAS AÇÕES DE VIOLÊNCIA CONTRA ESSA MINORIA, QUE VÃO ALÉM DE OFENSAS MORAIS, POR SI SÓ JÁ BASTANTE GRAVES. O DANO MORAL COLETIVO É CATEGORIA AUTÔNOMA DE DANO QUE, APESAR DE ESTAR RELACIONADA À INTEGRIDADE PSICO – FÍSICA DA COLETIVIDADE, NÃO SE IDENTIFICA COM AQUELES TRADICIONAIS ATRIBUTOS DA PESSOA HUMANA (DOR, SOFRIMENTO OU ABALO PSÍQUICO). RESULTA, DE FATO, DA "AMPLIAÇÃO DO CONCEITO DE DANO MORAL COLETIVO ENVOLVENDO NÃO APENAS A DOR PSÍQUICA" (RESP 1397870/ MG, SEGUNDA TURMA, DJE 10/12/2014). COM EFEITO, A INTEGRIDADE PSICO -FÍSICA DA COLETIVIDADE VINCULA-SE A SEUS VALORES FUNDAMENTAIS, QUE REFLETEM, NO HORIZONTE SOCIAL, O LARGO ALCANCE DA DIGNIDADE DE SEUS MEMBROS E O PADRÃO ÉTICO DOS INDIVÍDUOS QUE A COMPÕEM. ESSES VALORES FUNDAMENTAIS TÊM NATUREZA EXTRAPATRIMONIAL, POIS SEU VALOR ECONÔMICO NÃO É MENSURÁVEL. A LIBERDADE DE EXPRESSÃO QUE É UM DOS BALUARTES DO REGIME DEMOCRÁTICO, DIREITO FUNDAMENTAL INDISPENSÁVEL PARA UMA VIDA DIGNA E DEMOCRÁTICA, BEM COMO UM COMPONENTE ESSENCIAL DA DEMOCRACIA CONCEBIDA CORRETAMENTE, NÃO PODE SERVIR DE ESCUDO PARA PROTEGER ABUSOS E VIOLAÇÕES. É IRREFUTÁVEL QUE O EXERCÍCIO ABSOLUTO DA LIBERDADE DE EXPRESSÃO NÃO PODE SER TOLERADO, CONSTITU INDO OS POSTULADOS DA IGUALDADE E DA DIGNIDADE PESSOAL DOS SERES HUMANOS LIMITAÇÕES EXTERNAS AO MESMO, QUE NÃO PODE, PORTANTO, SER EXERCIDO COM O PROPÓSITO SUBALTERNO DE VEICULAR PRÁTICAS CRIMINOSAS TENDENTES A FOMENTAR E A ESTIMULAR SITUAÇÕES DE INTOLERÂN CIA. ASSIM, EM SITUAÇÕES

DE CONFLITO DE VALORES E PRINCÍPIOS, NO CASO, LIBERDADE DE EXPRESSÃO (CF ART. 5º, IV) VERSUS DIGNIDADE DA PESSOA HUMANA (CF, ART. 1º, III), DA IGUALDADE (CF, ART. 5º, I) E DA VEDAÇÃO A QUALQUER DISCRIMINAÇÃO ATENTATÓRIA DOS DIREITO S E DAS LIBERDADES FUNDAMENTAIS (CF, ART. 3º, IV E ART. 5º, XLI), PROIBIÇÃO DE PROTEÇÃO INSUFICIENTE DOS DIREITOS FUNDAMENTAIS (CF, ART. 1º, II, ART. 4 º, III E ART. 5 º, § 3º), APLICÁVEL A TÉCNICA DA PONDERAÇÃO, SOB O CRIVO DA PROPORCIONALIDADE E DA PROIBIÇ ÃO DO EXCESSO. O VALOR ARBITRADO A TÍTULO DE INDENIZAÇÃO PELOS DANOS MORAIS COLETIVOS CAUSADOS, IN CASU, R$ 5.000,00 (CINCO MIL REAIS) AFIGURA -SE RAZOÁVEL DE ACORDO COM A PECULIARIDADE DO CASO CONCRETO, ATENDENDO O CARÁTER INIBITÓRIO E PREVENTIVO PARA QUE OUTRAS CONDUTAS SEMELHANTES NÃO VENHAM A SER PRATICADAS FUTURAMENTE, NÃO SE JUSTIFICANDO SUA MAJORAÇÃO. CONTUDO, EM RELAÇÃO À PARTE DA SENTENÇA QUE NEGOU O PEDIDO DE RETRATAÇÃO PÚBLICA, TENDO A AGRESSÃO DISCRIMINATÓRIA SIDO PUBLICADA EM MEIO DE COMUNICAÇÃO DE GRANDE ABRANGÊNCIA NACIONAL, IMPÕE -SE A REFORMA DA DECISÃO A FIM DE CONDENAR O ORA APELADO À RETRATAÇÃO PRETENDIDA. [...] APELAÇÃO PARCIALMENTE PROVIDA PARA CONDENAR GUSTAVO CANUTO BEZERRA À OBRIGAÇÃO DE FAZER CONSISTENTE NA PUBLICAÇÃO, NO SEU PERFIL PES SOAL DO FACEBOOK, EM MODO PÚBLICO, OU OUTRO MEIO TELEMÁTICO DE MESMO ALCANCE, DE NOTA DE RETRATAÇÃO PELO COMENTÁRIO QUE ORIGINOU A PRESENTE DEMANDA, ESPECIFICANDO TRATAR -SE DE CONDENAÇÃO JUDICIAL IMPOSTA NOS AUTOS DESTA ACP, DEVENDO A REFERIDA POSTAGEM PER MANECER

> NO AR POR 01 (UM) ANO. (TRF-2, Quinta Turma Especializad a, Ap elação Cív el 5010720 – 05.2019.4.02.5101/RJ, Rel. Des. Alcid es Martins, j. 30/03/2022)

No mesmo sentido está a orientação esposada em voto de lavra do Min. Og Fernandes, relator no julgamento do Recurso Especial n. 1.836.862 da 2ª Turma do Superior Tribunal de Justiça:

> [...] a obrigação de fazer constituída em formalização de desculpas, ao contrário do entendimento do acórdão regional, encontra amparo no ordenamento. Precisamente em matéria de danos morais, o instituto da retratação, isto é, desculpas formais, possui respaldo, em face dos princípios da reparação integral do dano e da tutela específica." (STJ, REsp n. 1.836.862/SP, 2ª Turma, Rel. Min. Og Fernandes, j. 22/09/2020, DJe 09/10/2020). 18 Na origem, ação civil pública ajuizada contra a União, o Estado de São Paulo e três delegados da Polícia Civil paulista, por práticas de tortura, desaparecimento e homicídio de pessoas tidas como opositoras do regime militar, no âmbito de ações do DOI-CODI do 2º Exército e da Polícia Civil local, tendo sido pleiteado pelo MPF, dentre outros pedidos, a condenação dos particulares em danos morais coletivos e a condenação dos entes públicos a publicarem pedidos formais de desculpas à sociedade brasileira. No caso sob exame, em que a violação de direito difuso de grupo religioso se manifestou em discurso proferido em evento público com transmissão ao vivo pela Internet e posterior repercussão em diversos veículos da imprensa brasileira, a retratação pública se afigura medida proporcional e razoável para uma reparação eficaz e satisfativa do dano moral difuso, somada ao valor de indenização pecuniária no montante, pelo menos, de trezentos mil reais, conforme julgado acima citado. Nesse sentido, veja-se que a retratação encontra base no próprio texto constitucional:

> Art. 5º, V "é assegurado o direito de resposta, proporcional ao agravo, além da indenização por dano material, moral ou à imagem". (TJRS, Nona Câmara Cível, Agravo de Instrumento n. 70067133769, Re. Des. Carlos Eduardo Richinitti, j. 16/12/2015, p. 21/01/2016).

Nesta ação, não é possível o pleito pela tutela de remoção do ilícito, uma vez que se trata de discurso proferido verbalmente em evento público, já divulgado por um sem-número de mídias sociais, de todo tipo (criticando-o ou apoiando-o). Por outro lado, revela-se viável e adequada a tutela reparatória mediante retratação pública imediata do réu.

Portanto, requer-se a concessão de tutela de urgência para determinar ao réu o cumprimento da obrigação de fazer consistente na imediata retratação pública quanto ao discurso proferido durante show artístico de 19/05/2022 em comemoração ao aniversário de 189 anos do Município de Itaboraí, observada a proporcionalidade na forma e no conteúdo de seu discurso, mediante gravação de vídeo pelo réu com duração entre 50 segundos e 1 minuto, o qual deverá ser veiculado pelo mesmo na página principal do sítio eletrônico de sua organização religiosa (Igreja Batista da Lagoinha) pelo período de 30 (trinta) dias, bem como nas páginas oficiais de suas redes sociais (Instagram, Facebook e Twitter) pelo mesmo período.

Já que é inviável a retratação no mesmo palco, no mesmo evento de aniversário da cidade, requer-se que a retratação pública consista no citado vídeo a ser gravado pelo réu. A título de sugestão, a retratação pode ser feita com os seguintes dizeres:

"Eu, Luiz Felippe Valadão de Azevedo, cumprindo decisão judicial em ação ajuizada pelo Ministério Público do Estado do Rio de Janeiro (1ª Promotoria de Justiça de Tutela Coletiva do Núcleo Itaboraí), venho me retratar do meu discurso realizado em 19/05/2022 durante o show de comemoração do aniversário da cidade de Itaboraí, de maneira a esclarecer que respeito e reconheço que é inviolável a liberdade de consciência e de crença, devendo ser assegurado o livre exercício dos cultos religiosos e garantida a proteção aos locais de culto e a suas liturgias, razão pela qual não podemos falar em fechamento arbitrário de centros de Umbanda, de locais de cultos de religiões de matriz africana ou de quaisquer religiões ou crenças. Aproveito para registrar que a nossa Constituição estabelece que ninguém será privado de seus direitos por motivo de crença religiosa e que é vedada a intolerância religiosa".

V – O preconceito é filho da ignorância. Por isso, e especialmente entre um povo de formação historicamente heterogênea como o brasileiro, é dever dos entes públicos e privados – e das associações, clubes, da sociedade civil em geral – promover um maior conhecimento e respeito pelo patrimônio diversificado, a cultura e a contribuição de afrodescendentes para o desenvolvimento das sociedades.

Esse inclusive é um dos objetivos da Década Internacional de Afrodescendentes, que começou em 2015 e vai até 2024, e foi instituída pela Assembleia Geral da ONU na Resolução 68/237. De acordo com as Nações Unidas, existem aproximadamente 200 milhões de pessoas vivendo nas Américas que se identificam como afrodescendentes. Muitos mais vivem em outros lugares do mundo, fora do continente africano. Afirma a ONU (2018):

> Seja como descendentes das vítimas do tráfico transatlântico de escravos ou como migrantes mais recentemente, estas pessoas constituem alguns dos grupos mais pobres e marginalizados. Estudos e pesquisas de órgãos nacionais e internacionais demonstram que pessoas afrodescendentes ainda têm acesso limitado a educação de qualidade, serviços de saúde, moradia, segurança e assistência de atos desumanos de sua fé.

III.B.8 LIBERDADE DE EXPRESSÃO QUE FERE À DIGNIDADE DE TODA UMA COLETIVIDADE

A liberdade de expressão, não sendo por toda absoluta, permite antever a existência de limites ao seu exercício.

Vejamos, com isso, o chamado "Hate Speech" (consistente nas manifestações de pensamento ilimitadas, contendo declarações de ódio, desprezo ou intolerância, normalmente atreladas à etnia, religião, gênero ou orientação sexual), que não é permitido pelo sistema jurídico brasileiro. Até porque a Constituição não vedou tão só ao poder público a prática de atos discriminatórios, impondo, por igual, a todo e qualquer cidadão ou pessoa jurídica tal conduta.

Por isso, impor limites à liberdade de expressão é manter acesa a luz contra o preconceito e a intolerância – que atingem, em especial, as minorias sociais, étnicas e econômicas. A injusta lesão da esfera moral de uma dada comunidade, ou seja, a violação antijurídica de um determinado círculo de valores coletivos.

Assim, quando se fala em dano moral coletivo, está-se fazendo menção ao fato de que o patrimônio valorativo de uma certa comunidade, idealizada e construída – neste caso concreto, os terreiros de religião de matriz africana, protegidos e tutelados por força constitucional, infraconstitucional e legal contra toda forma de preconceito e racismo – foi agredido de maneira absolutamente injustificável do ponto de vista jurídico: "quer isso dizer, que se feriu a própria cultura, em seu aspecto imaterial" (Bittar Filho, 1994).

Vejamos como as cortes dos tribunais superiores vêm decidindo acerca do tema:

> Se o interesse individual homogêneo possuir relevância social transcender a esfera de interesses dos efetivos titulares da relação jurídica de consumo, tendo reflexos práticos em uma universalidade de potenciais consumidores que, de forma sistemática e reiterada, sejam afetados pela prática apontada como abusiva, a legitimidade ativa do Ministério Público estará caracterizada. [...] O dano moral coletivo é categoria autônoma de dano que não se identifica com os tradicionais atributos da pessoa humana (dor, sofrimento ou

abalo psíquico), mas com a violação injusta e intolerável de valores fundamentais titularizados pela coletividade (grupos, classes ou categorias de pessoas). Tem a função de:

a) proporcionar uma reparação indireta à lesão de um direito extrapatrimonial da coletividade;

b) sancionar o ofensor; e

c) inibir condutas ofensivas a esses direitos transindividuais. Se, por um lado, o dano moral coletivo não se identifica com os tradicionais atributos da pessoa humana (dor, sofrimento ou abalo psíquico), mas com a violação injusta e intolerável de valores fundamentais titularizados pela coletividade (grupos, classes ou categorias de pessoas). Tem a função de:

a) proporcionar uma reparação indireta à lesão de um direito

extrapatrimonial da coletividade;

b) sancionar o ofensor; e

c) inibir condutas ofensivas a esses direitos transindividuais. "

(STJ, REsp n. 1.502.967/RS, 3ª Turma, rel. Min. ª Nancy Andrighi, DJe 14/08/2018). (grifo aposto)."

"RECURSO ESPECIAL. PROCESSUAL CIVIL E CONSUMIDOR. AÇÃO COLETIVA DE CONSUMO. [...] DANO MORAL COLETIVO. RECUPERAÇÃO FLUIDA (FLUID RECOVERY). DISTINÇÃO. APLICAÇÃO NA HIPÓTESE CONCRETA. DANOS INDIVIDUAIS. FUNDAMENTAÇÃO. AUSENTE. DEFICIENTE. SÚMULA 284/STF. [...] 8. O dano moral coletivo é categoria autônoma de dano que se identifica com a violação injusta e intolerável de valores fundamentais titularizados pela coletividade (grupos, classes ou categorias de pessoas) e tem a função de: a) proporcionar uma reparação indireta à lesão de um direito extrapatrimonial da coletividade; b) sancionar o. ofensor; e c) inibir condutas ofensivas a esses direitos transindividuais. [...] 12. Recurso especial

> parcialmente conhecido e, nesta parte, provido. (STJ, REsp n.º 1741681/RJ, 3ª Turma, rel. Min.ª Nancy Andrughi, DJe 26/10/2018).(grifo aposto).

III.B.9 DO VALOR DO DANO MORAL:

A Constituição Federal de 1988, em seu artigo 5º, inciso VI, assegura a liberdade de crença e o livre exercício dos cultos religiosos. Ademais, a legislação civil vigente protege a integridade moral das pessoas, impondo a obrigação de indenizar aquele que causar dano injusto a outrem.

Nesse sentido, nos termos do Código Civil Brasileiro, a responsabilidade civil está disciplinada nos artigos 186 e 187, que assim dispõem:

> Art. 186: Aquele que, por ação ou omissão voluntária, negligência ou imprudência, violar direito e causar dano a outrem, ainda que exclusivamente moral, comete ato ilícito.
>
> Art. 187: Também comete ato ilícito o titular de um direito que, ao exercê-lo, excede manifestamente os limites impostos pelo seu fim econômico ou social, pela boa-fé ou pelos bons costumes.

Em relação aos danos morais, reportamo-nos ao quanto dito em sede de ação civil pública, no sentido de que o valor devido a título de indenização pelos danos extrapatrimoniais ou morais deve ser de tal monta a ponto não só de inibir novas condutas lesivas, mas também representar nível de censura quanto ao comportamento danoso, de modo que reproduza quantia economicamente significativa conforme a capacidade do réu.

Poderíamos citar ainda ação de nulidade de ato discriminatório, ação de inibição de prática discriminatória, ação de reparação coletiva, dentre várias outras sobre as quais trataremos em publicações futuras. Em conclusão, anote-se que, nos últimos anos, as estatísticas apontam o crescimento vertiginoso do discurso de ódio, com o auxílio das redes sociais.

A ofensa e a discriminação racial e religiosa são práticas reprováveis que atentam contra a dignidade humana e os direitos fundamentais e estão presentes na construção cotidiana das narrativas de ódio. O ordenamento jurídico brasileiro e os tratados internacionais de direitos humanos oferecem mecanismos para coibir e reparar os danos decorrentes dessas violações. A atuação do Poder Judiciário, por meio da apreciação acurada de ações judiciais que implementem os preceitos fundamentais, solidifique a efetiva reparação dos danos causados por violação à liberdade de crença, é vital para a promoção da igualdade e da tolerância religiosa.

A judicialização da reparação de danos garantirá mais um instrumento de enfrentamento do discurso de ódio e do racismo, demarcando balizas de respeito entre todos os grupos étnico-raciais, crenças e convicções filosóficas em uma sociedade diversa e plural como a brasileira.

IV DOS PEDIDOS:

Diante do Exposto, requer:

A) Requerimento de justiça gratuita a parte autora nos termos da legislação processual em vigor.

B) A citação do Réu para, querendo, contestar a presente ação no prazo legal.

C) A produção de todas as provas admitidas em direito, especialmente a juntada de documentos, oitiva de testemunhas e, se necessário, a realização de perícia técnica e tudo quanto se fizer necessário para a efetivação da justiça.

D) A procedência da presente ação, condenando o Réu ao pagamento de indenização por danos morais, cujo valor deverá ser arbitrado por Vossa Excelência, levando-se em consideração a extensão do dano, a condição econômica do Réu e a finalidade punitiva e compensatória da indenização.

E) A condenação do Réu ao pagamento das custas processuais e honorários advocatícios; Ao final, requer-se seja julgada procedente a presente ação, condenando o Réu ao pagamento da indenização por danos morais, bem como às demais obrigações elencadas nos itens anteriores, em conformidade com os ditames legais e princípios da justiça.

Dá-se à causa o valor de **R$ 56.480,00 (Cinquenta e seis mil quatrocentos e oitenta reais)** para os fins legais.

Termos em que pede e espera deferimento

Belém, terça-feira, 21 de janeiro de 2025

Edson Silva Barbosa
OAB/PA 20.031

Renan Caldas Martins
OAB/MT 28.356/O – OAB/PA 34.046/A

NILDON DELEON GARCIA DA SILVA
OABPA 17.017

REFERÊNCIAS

ALMEIDA, S. **Racismo estrutural.** São Paulo: Pólen, 2019.

AMADOR DE DEUS, Z. **Anance tecendo teias na Diáspora**: uma narrativa de resistência e luta das herdeiras e herdeiros de Anance. Belém: SECULT/PA, 2019.

ANDRADE, A. G. C. **Dano Moral & Indenização Punitiva.** 2. ed. Rio de Janeiro: Lumen Juris, 2009

ASANTE, M. K. **Afrocentricidade**: A teoria de Mudança Social. Tradução de Ana Ferreira e Ama Mizani. Philadelphia: Afrocentricity International, 2014.

ASSANTE, M. K. **A história da África**: a busca pela harmonia eterna. Petrópolis: Vozes, 2023.

BARBOSA, E. S. Estratégias e lutas utilizadas pelos POTMAS do Pará no enfrentando ao racismo religioso. *In:* SOUZA, Luanna *et al.* (org.). **Prática de intervenção nas violências na Amazônia**. São Paulo: Dialética, 2023. v. 1. p. 15-454

BENISTE, J. **Dicionário yorubá-português**. Rio de Janeiro: Bertrand Brasil, 2011.

BENISTE, J. Òrun – Àiyé: o encontro de dois mundos: o sistema de relacionamento nagô-yoruba entre o céu e a Terra. 6. ed. Rio de Janeiro: Bertrand Brasil, 2008.

BERNARDO, S. S. **Direito e Filosofias Africanas**. Belo Horizonte: Nandyala, 2022.

BITTAR, C. A. **A Reparação Civil por Danos Morais**. 4. ed. rev. amp. São Paulo: Saraiva, 2015.

BORGES, L. R. **Branquitude e religião**: a luta por respeito das religiões de matrizes africanas no Brasil. 2017. Monografia (Bacharelado em Direito) – Departamento de Direito da Pontifícia Universidade Católica do Rio de Janeiro (PUC-RJ), Rio de Janeiro, 2017.

BORGES; R. C. S.; BORGES, R. da S. **Mídia e racismo**. Petrópolis: DP et Alii; Brasília, DF: ABPN, 2012.

BRASIL, Secretaria de Política de Promoção da Igualdade Racial da Presidência da República – SEPPIR. **Ordem Jurídica e Igualdade Étnico-racia**l. Brasília, SEPPIR, 2006.

BRASIL. **Constituição da República Federativa de 1988**. Disponível em: https://www.planalto.gov.br/ccivil_03/constituicao/constituicao.htm. Acesso em: 8 mar. 2024.

BRASIL. **Decreto n. 65.810, de 08 de dezembro de 1969.** Promulga a Convenção Internacional sobre a Eliminação de todas as Formas de Discriminação Racial. Disponível em: https://www.ioepa.com.br/pages/2020/2020.05.06.DOE.pdf. Acesso em: 1º dez. 2023.

BRASIL. **Lei n. 10.406, de 10 de janeiro de 2002.** Institui o Código Civil. Disponível em: http://www.planalto.gov.br/ccivil_03/leis/2002/l10406.htm. Acesso em: 13 mar. 2024.

BRASIL. **Lei n. 12.288 de 20 de julho de 2010**. Institui o Estatuto da Igualdade Racial; altera as Leis n. 7.716, de 5 de janeiro de 1989, 9.029, de 13 de abril de 1995, 7.347, de 24 de julho de 1985, e 10.778, de 24 de novembro de 2003. Disponível em: https://www.planalto.gov.br/ccivil_03/_ato2007-2010/2010/lei/l12288.htm. Acesso em: 2 mar. 2024.

BRASIL. **Lei n. 6.040 de 07 de fevereiro de 2007**. Institui a Política Nacional de Desenvolvimento Sustentável dos Povos e Comunidades Tradicionais. Disponível em: https://www.planalto.gov.br/ccivil_03/_ato2007-2010/2007/decreto/d6040.htm. Acesso em: 8 jan. 2024

BRASIL. **Lei n. 7.716 de 05 de janeiro de 1989**. Define os crimes resultantes de preconceito de raça ou de cor. Disponível em: https://www.planalto.gov.br/ccivil_03/leis/l7716.htm. Acesso em: 08 jan. 2024.

BRASIL. **Supremo Tribunal Federal.** Habeas Corpus n. 82.424-2/RS. Brasília: STF, 2002.

BRASIL. **Tribunal Regional do Trabalho da 4º Região.** 1ª Turma. Processo n.: 00203461620215040772. Relator: Edson Pecis Lerrer, Data de Julgamento: 28/06/2023.

BARROSO, L. R. **Dignidade da Pessoa Humana no Direito Constitucional Contemporâneo:** Natureza Jurídica, Conteúdos Mínimos e Critérios de Aplicação. Versão provisória para debate público. Mimeografado, 2010.

CAMARGO, P. S. U. F. F. **Dano Moral Coletivo**: Uma possibilidade de aplicação dos danos punitivos. São Paulo: Almedina, 2016.

CAMPELO, M. "Ago Ilê, Ago Ya: **Candomblé e Afoxé, Afirmando identidades, Afirmando Negritude. Um estudo de caso em Belém, PA.** Entre os rios e as florestas. Perspectivas, memórias e narrativas de negros em movimento: subsídios para a Lei 10636/03/. Belém: UFPA; GEAM, 2014.

CAMPELO, M.; LUCA, T. T. As duas africanidades estabelecidas no Pará. **Revista Aulas: Dossiê Religiões**, n.4, abril/junho, 2007.

CAVALIERI FILHO, S. **Programa de responsabilidade civil.** 10. ed. São Paulo: Atlas, 2012.

CHAUI, M. **A ideologia da Competência**. São Paulo: Editora Fundação Perseu Abramo, 2014.

CORDOVIL, D. A atuação política de afro-religiosos em Belém-Pará: Da guerra mágica ao Fórum Social Mundial. **Revista Observatório da Religião**. Versões preliminares deste texto foram apresentadas no Encontro Novas Faces da Pesquisa sobre Religião na Amazônia, realizado em 2009, na XV Semana Acadêmica do CCSE/UEPA e na IV Jornada Acadêmica do Curso de Ciências da Religião da UEPA, em 2010.

CORRÊA, J. S. **O dano moral decorrente da ofensa à liberdade religiosa dos adeptos das religiões de matriz africana**. 2008. Dissertação (Mestrado em área) – Universidade Federal da Bahia, Salvador, 2008.

CORTEZ, P. **Metodologia e pré-história da África**. 3. ed. São Paulo: Cortez; Brasília: UNESCO, 2011.

DINIZ, M. H. **Curso de Direito Civil Brasileiro:** responsabilidade civil. São Paulo: Saraiva, 2005.

FANON, F. **Os condenados da terra**. Rio de Janeiro: Zahar, 2022.

FANON, F. **Pele negra, máscaras brancas**. Salvador: EDUFBA, 2008.

FARIAS, S. YOUTUBE: **Eis Parlamentar Wladimir Costa entrega frutas de despacho para seus eleitores**, 3 de nov. de 2019. Disponível em: https://youtu.be/RoDGg4Ky__o?si=91J_rWCHelmkvlt8 Acesso: 6 jun. 2022.

FAUSTINO, D. **Frantz Fanon e as Encruzilhadas**: Teoria, política e subjetividade / Deivison Faustino. São Paulo: Ubu editora, 2022.

FERNANDES, Debora Nogueira., Ordenamento Jurídico Frente ao Racismo e a Injúria Racial. **Jus Brasil**, 2020.

FERNANDES, N. V. E.; ADAD, C. J. Intolerância ou Racismo Religioso: Discriminação e Violência contra As Religiões De Matriz Africana. **Revista Intolerância Religiosa,** [*s.l.*], v. 2, n. 1, jul-dez 2017.

FERNANDES, N. V. E. Racismo estrutural e religioso contra povos e comunidades tradicionais de terreiro durante a pandemia do covid-191. **Revista Calundu**, [*s.l.*], v. 6, n. 2, jul-dez 2022.

FLOR DO NASCIMENTO, W. O Fenômeno do racismo religioso: Desafios para os Povos Tradicionais de Matrizes Africanas. **Revista Eixo**, [*s.l.*], v. 6, n. 2, p. 51-56, 28 nov. 2017.

FÓRUM BRASILEIRO DE SEGURANÇA PÚBLICA (FBSP). **Anuário brasileiro de segurança pública.** São Paulo: FBSP, 2023.

G1. **Homem dá cabeçada em filho de santo durante ritual e ataca umbandistas; VÍDEO,** 2023. Disponível em: https://g1.globo.com/sp/santos-regiao/noticia/2023/10/30/homem-da-cabecada-em-filho-de-santo-durante-ritual-e-ataca-umbandistas-video.ghtml. Acesso em: 4 jan. 2024.

GONÇALVES, C. R. **Direito civil brasileiro**. 3. ed. rev. e atual. v. IV. São Paulo: Saraiva, 2008.

GONÇALVES, S. V. (org) Intolerancia religiosa. **Impactos do neopentecostalismo no campo religioso afro-brasileiro**. São Paulo: EDUSP, 2007.

GONZALEZ, L.; HASENBALG, C. **Lugar de negro**. Rio de Janeiro: Marco Zero: 1982.

GORDON, L. R. **Medo da consciência negra**. São Paulo: Todavia, 2023.

GUERREIRO, S. **As fronteiras da tolerância:** liberdade religiosa e proselitismo na Convenção Européia de Direitos do Homem. Coimbra: Almedina, 2005

HAMMERSLEY, M.; ARKINSON. P. **Etnografia**: princípios em prática. Petrópolis, RJ: Vozes, 2022.

INSTITUTO BRASILEIRO DE GEOGRAFIA E ESTATÍSTICA (IBGE). **População e Domicílios**: Primeiros Resultados. Rio de Janeiro: IBGE, 2023. Disponível em: https://www.ibge.gov.br/estatisticas/sociais/trabalho/22827-censo-demografico-2022.html?edicao=37225&t=resultados. Acesso em: 2 dez. 2023.

INSTITUTO NANGETU DE TRADIÇÃO AFRO-RELIGIOSA E DESENVOLVIMENTO SOCIAL. **Guarda Municipal tenta impedir ritual do Mansu Nangetu.** Belém, 2010. Disponível em: https://institutonangetu.blogspot.com/2010/07/guarda-municipal-tenta-impedir-ritual.html. Acesso em: 2 fev. 2024.

LIMA, C. S. **Teoria da afrocentricidade e educação**: um olhar afrocentrado para a educação do povo negro. Recife, 2020.

LOPES, N. **1942 – Filosofias africanas: uma introdução**. 8. ed. Rio de Janeiro: Civilização brasileira, 2023.

LOPES, N. **1942 – Ifá Lucumi:** o resgate da tradição. Rio de Janeiro: Pallas, 2020.

LOPES, N. **Kitábu**: o livro do saber do espírito negro africano. 2. ed. Rio de Janeiro: Malê, 2024.

LUZ, M. A. O. **Agadá:** dinâmica da civilização africano-brasileira. Marco Aurélio de Oliveira Luz. 5a ed. Salvador: EDUFBA, 2020

MACEDO JUNIOR, R. P. **Ensaios de Direito Privado e Social**. São Paulo, Editora Saraiva, 2015.

MAURÍCIO, G. **O candomblé bem explicado**. Rio de Janeiro: Pallas, 2009.

MELLO, M. B. **Teoria do fato jurídico:** plano da existência. 18. ed. Saraiva: São Paulo, 2012.

MINISTÉRIO DO DESENVOLVIMENTO E ASSISTÊNCIA SOCIAL, FAMÍLIA E COMBATE À FOME (MDASFCF). **Comunidades de Terreiro**, 2022. Disponível em: https://www.gov.br/mds/pt-br/acoes-e-programas/inclusao-produtiva-rural/direito-a-alimentacao-1/comunidades-de-terreiro#:~:text=Povos%20e%20Comunidades%20de%20terreiro,africana%20%E2%80%93%20chamada%20casa%20de%20terreiro. Acesso em: 2 mar. 2024.

MINISTÉRIO DOS DIREITOS HUMANOS E CIDADANIA (MDHC). 2023. Disponível em: https://www.gov.br/mdh/pt-br. Acesso em: 4 fev. 2024.

MINISTÉRIO DA MULHER, DA FAMÍLIA E DOS DIREITOS HUMANOS (MMDDH). **Segundo Relatório sobre Intolerância Religiosa**: Brasil, Caribe e América Latina, 2021. Disponível em: https://unesdoc.unesco.org/ark:/48223/pf0000384250. Acesso em: 20 jan. 2024.

MORAES, J. N. Teoria Geral do racismo religioso: crime de ódio. **Revista Tempo Amazônico**, [*s.l.*], v. 4, n.1, p. 17-31, jul-dez de 2016.

MORAIS MR DE, Jayme J. G. Povos e comunidades tradicionais de matriz africana: Uma análise sobre o processo de construção de uma categoria discursiva. **Civitas, Rev Ciênc Soc.** , [*s.l.*], v. 17, n. 2, p. 268-283, 2017.

MOREIRA, A. J. **Tratado de Direito Antidiscriminatório**. São Paulo: Editora Contracorrente, 2023.

MOURA, B. M. **Pedagogia do ebó:** horizontes possíveis para a universidade a partir de mulheres de axé. Curitiba: Appris. 2023.

MUNANGA, K. **Negro recusa a assimilação.** Negritude: usos e sentidos. Belo Horizonte: Autêntica, 2023.

MUNANGA, K. **Negritude:** usos e sentidos. 4.ed. 2.reimp. Belo Horizonta: Autêntica, 2020.

NASCIMENTO, A. 1914-2011. **O Quilombismo: documentos de uma militância pan-africanista**. 3. ed. e rev. São Paulo: editora Perspectiva; Rio de Janeiro: Ipeafro, 2019.

NASCIMENTO, W. F. Sobre os candomblés como modo de vida: Imagens filosóficas entre Áfricas e Brasis. **Ensaios Filosóficos**. Vol XIII, agosto, p. 153-170, 2016.

NGOENHA, S. E. **Filosofia Africana**: Das Independências às Liberdades. Maputo. Editora Paulinas, 1993.

NOGUEIRA, S. Intolerância Religiosa. – São Paulo: Sueli Carneiro, Editora Jandaíra 2023.

NUCCI, G. S. **Código Penal comentado**. 17. ed. Rio de Janeiro: Forense, 2017.

NÚMERO DA DISCRIMINAÇÃO RACIAL – desenvolvimento humano, equidade e políticas públicas/organização Michael de França, Alysson Portela. – São Paulo: Editora Jandaíra, 2023.

OLIVEIRA JUNIOR, J. M. **"Entre a rua e o ciberespaço"**: ciberracismo nas redes sociais brasileiras, 2021. Tese (Doutorado) – Programa Multidisciplinar de Pós-Graduação em Estudos Étnicos e Africanos (PÓS-AFRO), Universidade Federal da Bahia, Salvador (BA), 2021. Disponível em: https://repositorio.ufba.br/handle/ri/35204. Acesso em: 4 dez. 2023.

ONG CRIOLA. **Cartilha terreiros em luta**: caminhos para o enfrentamento ao racismo religioso. Rio de Janeiro, 2022. Disponível em: https://criola.org.br/wp-content/uploads/2018/06/cartilha_racismo_religioso_online_distribuicao.pdf. Acesso em: 27 mar. 2024.

ORGANIZAÇÃO DAS NAÇÕES UNIDAS (ONU). **Convenção da ONU sobre a Eliminação de todas as Formas de Discriminação Racial, Nova Iorque**. 1996. Disponível em: https://unesdoc.unesco.org/ark:/48223/pf0000139390. Acesso em: 26 nov. 2023.

ORGANIZAÇÃO DAS NAÇÕES UNIDAS (ONU). **Comércio transatlântico de escravos nos alerta para perigos do racismo, diz chefe da ONU.** 2018. Disponível em: https://brasil.un.org/pt-br/79497-com%C3%A9rcio-transatl%C3%A2ntico-de-escravos-nos-alerta-para-perigos-do-racismo-diz-chefe-da-onu. Acesso em: 26 nov. 2023.

PARÁ. **Decreto n. 1.690 de 03 de fevereiro de 2017**. Diário Oficial n. 33.308, 06 de fevereiro de 2017. Gabinete do Governador. Disponível em: https://www.segup.pa.gov.br/sites/default/files/consep/resolucao_no_306.pdf. Acesso em: 27 fev. 2024.

PIRES, T. R. O. **Criminalização do Racismo entre política de reconhecimento e meio de legitimação do controle social dos não reconhecidos**. Rio de Janeiro: Forense, 2013.

PIRES, T. Racializando o Debate sobre Direitos Humanos: limites e possibilidades da criminalização do racismo no Brasil. v.15, n.28, **Revista Ensaios**, [*s.l.*], 2018. Disponível em: https://sur.conectas.org/wp-content/uploads/2019/05/sur-28-portugues-thula-pires.pdf. Acesso em: 4 nov. 2023.

REIS, C. E. P. N. **O Dano Moral Punitivo no Direito Brasileiro** – Aplicação e Destinação da Verba Punitiva. 2011. Disponível em: https://emerj.tjrj.jus.br/files/pages/paginas/trabalhos_conclusao/2semestre2011/trabalhos_22011/CarlosEduardoPimenteldasNevesReis.pdf. Acesso em: 4 nov. 2023.

RATTS, A.; RIOS, F. **Lélia Gonzales.** São Paulo: Selo Negro, 2010.

RODRIGUES, R. S. Entre o passado e o agora: Diáspora Negra e Identidade Cultural. **Revista EPOS**, Rio de Janeiro, v.3, n. 2, julho-dezembro de 2012.

RODRIGUES, S. **Direito Civil:** responsabilidade civil. São Paulo: Saraiva, 2007.

ROSA, F.; COSTA, L. **Compliance Antidiscriminatório – Ed. 2022**. São Paulo (SP): Editora Revista dos Tribunais. 2022. Disponível em: https://www.jusbrasil.com.br/doutrina/compliance-antidiscriminatorio-ed-2022/1672936370. Acesso em: 28 nov. 2024.

RUFINO, L. **Pedagogia das Encruzilhadas**. Rio de Janeiro: Ed. Mórula, 2019.

SAFERNET. **Indicadores da Central Nacional de Denúncias de Crimes Cibernéticos**, 2022. Disponível em: https://indicadores.safernet.org.br/. Acesso em: 29 abril. 2024.

SALDANHA, E. T. **Punitive damages**: no Brasil, é aplicada a teoria do dano social em ações individuais? 2019. Disponível em: https://www.linkedin.com/feed/update/urn:li:article:7705046823401071692?updateEntityUrn=urn%3Ali%3Afs_updateV2%3A%28urn%3Ali%3Aarticle%3A7705046823401071692%2CFEED_DETAIL%2CEMPTY%2CDEFAULT%2Cfalse%29. Acesso em: 4 nov. 2023.

SALLES, V. **O Negro no Pará sob o regime da escravidão**. 3. ed. rev. e ampliada. Belém: IAP, Programa Raízes, 2005.

SANTOS, Babalawaô Ivair dos. O Crescimento da Intolerância Religiosa no Brasil e o Cerceamento das Liberdades Religiosas (108-126). **Coletânea Afro-Brasil II – debates e pensamentos.** D'ADESKY, J.; SOUZA, M. T. Rio de Janeiro, RJ: Autografia, 2021

SANTOS, J. E. **Os Nagô e a morte: Pàde, Àsèsè e o culto Ègun na Bahia.** Tradução pela Universidade Federal da Bahia. 14. ed. Petrópolis: Vozes, 2012.

SÃO BERNARDO, S. **Direito e Filosofia Africana**: ancestralidade, Ubuntuidades e o pensamento Kalunga como formadores do repertório ético-jurídico brasileiro. Belo Horizonte: Nandyala, 2022.

SECRETARIA DE SEGURANÇA PÚBLICA DO ESTADO DO PARÁ (SEGUP)**. Segup estabelece medidas contra crimes que têm como alvo comunidades e religiosidade africanas**. 2022. Disponível em: https://segup.pa.gov.br/noticias/segup-estabelece-medidas-contra-crimes-que-t%C3%AAm-como-alvo-comunidades-e-religiosidade. Acesso em: 10 dez. 2023.

SECRETARIA NACIONAL DE SEGURANÇA PÚBLICA (SENASP). **Relatórios Anuais**. 2021. Disponível em: https://www.gov.br/mj/pt-br/assuntos/sua-seguranca/seguranca-publica/ribpg/relatorio. Acesso em: 1º dez. 2023.

SECRETARIA NACIONAL DE SEGURANÇA PÚBLICA (SENASP). **Relatórios Anuais**. 2022. Disponível em: https://www.gov.br/mj/pt-br/assuntos/sua-seguranca/seguranca-publica/ribpg/relatorio. Acesso em: 1º dez. 2023.

SECRETARIA NACIONAL DE SEGURANÇA PÚBLICA (SENASP). **Relatórios Anuais**. 2023. Disponível em: https://www.gov.br/mj/pt-br/assuntos/sua-seguranca/seguranca-publica/ribpg/relatorio. Acesso em: 1º dez. 2023.

SILVA JÚNIOR, H. *et al.* **Responsabilidade Civil Objetiva por ilícito racial e religioso**. São Paulo: Expresso Jur. 2024

SILVA JÚNIOR, H. O que é racismo religioso e como ele afeta a população negra, 2022. **Conectas**, [*s.l.*], 2022. Disponível em: https://www.

conectas.org/noticias/o-que-e-racismo-religioso-e-como-ele-afeta-a-populacao-negra/. Acesso em: 27 mar. 2024.

SILVA JÚNIOR, H. **Responsabilidade Civil objetiva por ilícito racial e religioso**. 3 ed. São Paulo: Expressa Jun, 2024.

SILVA NETO, M. J. **Proteção constitucional à liberdade religiosa**. Rio de Janeiro: Imprenta; Lumen Juris, 2020.

SILVA, M. A. M.; BRAGA, M. S. N. Tolerância e Proselitismo no Mundo Atual. **Revista de Direito brasileiro**, 2021.

SILVA, V. G. **Exu**: Um Deus Afro- atlântico no Brasil. 1.ed.1reimp. São Paulo: Editora da Universidade de São Paulo, 2022.

SIMAS, L. A. **Fogo no mato**: A ciência encantada das macumbas. Rio de Janeiro: Mórula, 2018.

SOUZA, N. S. **Tornar-se negro ou as vicissitudes da identidade do negro brasileiro em ascensão social**. Rio de Janeiro: Zahar, 2021

TARTUCE, F. **Manual de Direito Civil**. Rio de Janeiro: Método, 2023.

THEODORO, M. **Racismo e branquitude na formação do Brasil**. Rio de Janeiro: Zahar, 2022.

VASQUES, L. FÓRUM. Mãe de santo é apedrejada por fanáticos: "Morre, macumbeira", **Fórum**, 2023. Disponível em: https://revistaforum.com.br/direitos/2023/9/4/me-de-santo-apedrejada-por-fanaticos-morre-macumbeira-143542.html. Acesso em: 27 mar. 2024.

VIDAL, E. B. **Deixa a gira girar**: como o racismo religioso se expressa nos terreiros. São Paulo: Elisa Borri Vidal, 2021.